KB037478

내 인생을 변화시키는
소통의 기술

내 인생을 변화시키는

소통의 기술

정병태 지음

N넥스웍

말을 바꾸면 인생이 변한다

말에도 씨가 있어 '말씨'라고 합니다.

그 사람이 쓰는 말씨를 보면 그의 미래를 알 수가 있지요.

세상만사 말대로 이루어집니다.

말만 바꿔도 인생이 변합니다.

그래서 긍정언어는 생명언어요 부정언어는 사망언어입니다.

100퍼센트 긍정말투를 사용하면 원하는 것은 반드시 이루어지기 마련입니다. 그래서 성공한 사람들은 긍정의 언어를 씁니다. 또한 이 말은 상대방의 마음을 사로잡을 수 있을 때 효과가 있습니다. 그러니까 말하는 사람은 상대방이 공감할 수 있는 말을 선택하게 됩니다.

그렇습니다. 성공하는 사람에겐 특별한 말솜씨가 있습니다.

지금은 분명 커뮤니케이션이 대세인 시대입니다.

모든 분야에서 말을 통한 소통을 가장 중요하게 생각하고 있는 시대입니다.

사람들 앞에서 말하는 것이 누구나 당연한 것으로 여겨지는 시대, 의사소통이 원활하지 않으면 성공할 수 없는 그런 시대에 살고 있습니다.

　말의 중요성을 나타내는 말로 우리가 잘 아는 "말 한마디에 천 냥 빚을 갚는다."라는 속담이 있듯이 말은 우리 인생에서 아주 중요합니다.

　저자는 30여 년 동안 말과 리더십 그리고 실천 소통을 깊이 연구하고 가르치는 박사로서 특히 이번 책은 말 한마디가 축복과 성공을 어떻게 이루는지를 명쾌하게 알려주고 있습니다.

　아무쪼록 이 책을 통해 행복의 말을 배우고, 성공케 하는 말을 깨닫고, 이기는 말을 함으로써 더욱 행복을 배가시키는 기회가 되기를 간절히 바랍니다.

자신이 무엇을 말해야 할지 아는 것만으로는 충분치 않다.
그것을 어떻게 말해야 할지 알아야 한다.

아리스토텔레스

말이 곧 인생이다

오늘날은 표현의 능력에 따라 성공이 결정된다고 해도 될 만큼 표현력을 매우 중요하게 다룬다. 지금도 그렇지만 앞으로는 더욱더 자기 생각이나 경험을 조리 있게 표현하고 사람들 앞에서 자신을 잘 드러내는 일이 많은 시대가 올 것이다.

설득력, 면접 시 발표력, 그리고 사람들은 어떻게 하면 말을 잘하고 강의나 발표를 잘할 수 있을까 고민하고 상대의 마음을 사로잡는 언변력을 키우기 위해 저마다 노력하고 있다.

이 책은 다양한 현장에서 각계각층의 사람들 앞에서 당당히 자신을 드러내고, 사람들에게 메시지를 전달하는 능력을 키우는 최고의 실용 지침서이다.

누구든 이 책에서 가르치는 방법을 활용하고 훈련하면서 실전 경험을 쌓으면 자기도 모르는 사이에 뛰어난 말꾼의 모습을 갖추게 될 것이다.

말주변이 없는 사람들도 자신감을 느끼고 꾸준히 연습하면 최소한 남들 앞에 나서는 것을 두려워하지 않게 될 것이다.

인간은 고독한 존재다.

그러므로 우리에게는 사람들과의 만남이 무척 소중하다. 사람과의 만남이 없으면 인간은 외로워서 살 수가 없다. 그런데 소중한 만남을 잘 유지하는 사람이 있는가 하면, 여전히 고독 속에서 살아가는 사람도 있다.

그 이유는 무엇일까?

우리는 다양한 사람들과의 만남 속에서 인생의 갈림길에 서기도 한다. 무엇이 이토록 소중한 사람과의 만남을 결정짓는 것일까?

필자는 그것이 '말'이라고 과감히 정의하고 싶다.

우리는 평생 '말'을 통해 많은 것을 전달하고 표현하며 살아간다. 따라서 자신의 '말'이 곧 자신의 인생을 결정한다.

이 세상은 자기의 마음을 잘 전달하고 자기가 원하는 것을 말로 잘 표현해야 얻을 수 있는 것들이 많다. 그러나 자기의 마음을 타인에게 잘 전달하는 것은 쉬운 일이 아니다. 왜냐하면 저마다 전달방식과 표현방법이 다르므로 오해가 생기거나 다툼이 일어나기도 하기 때문이다. 이는 살아온 환경에 의해서 결정되지만, 배움을 통해서 충분히 변할 수 있다.

그래서 필자는 좀 더 쉬운 방법으로 자신의 마음과 생각을 간결하게 전달하고 상대방의 마음을 사로잡는 방법에 관해 얘기할 것이다. 이 책을 통해 복잡하고 신비로운 인간관계에서 승리하길 바라며 행복한 만남으로 인생이 열리기를 간절히 소망한다.

기대해도 좋다!

정병태 박사(Ph. D)

| 차 례 |

좋은 말, 선한 말, 축복의 말, 감사의 말, 희망의 말, 응원의 말은 삶을 복되게 하고 풍성한 결실을 보게 한다. 이는 말이 지닌 성공의 원리이기도 하다. 기억하자. 말 한마디가 우리의 삶을 확 바꾸어간다는 사실을……

생각 소통

말보다 먼저 생각을 소통하라

COMMUNICATION SKILLS

Speech
can change your life

말, 그것으로 말미암아 소인을 거인으로 만들고,

거인을 철저하게 두드려 없앨 수도 있다.

_ 독일의 시인 하인리히 하이네

인간관계에서 호감을 얻고 싶은가? 직장생활에서 좀 더 인정받고
싶은가? 비즈니스에서 성공하고 싶은가? 연설이나 발표 등을 훨씬 더
잘하고 싶지 않은가? 공자의 가르침에 '언변력을 기르라.'고 했다.

이는 성공의 필수조건이다.

◀ 성공을 부르는 말솜씨 ▶

말을 잘해야 성공한다

무뚝뚝한 경상도 남자들은 세 가지 말밖에 안 한다는 우스갯소리가 있다.

"밥 줘.", "아는?", "자자."

침묵이 금이었던 시대에는 나름 매력 있는 남자였는지 몰라도 요즘은 무뚝뚝한 남자에게 매력을 느끼는 여성은 많지 않다.

침묵이 미덕인 시대가 아니다. 가만히 있으면 중간이나 가는 시대도 물론 아니다. 그렇다고 시종일관 떠들라는 것도 아니다.

적어도 말을 해야 할 때, 세련되고 멋지게 표현할 줄 아는 말솜씨, 적절한 시기에 적합한 말을 할 줄 아는 사람이 매력 있는 사람이다.

그렇다.

동서고금을 막론하고 성공한 사람들 대부분은 스피치가 남다르게 뛰어났다.

인간은 사회적 동물인 동시에 언어적 동물이다.

이 지구에는 약 200만 종류의 생물이 살고 있다고 한다. 그중에서도 유독 인간을 가리켜 만물의 영장이라고 부른다. 인간만이 언어를 사용하기 때문이다.

인간의 특징이 바로 인간다운 말을 할 줄 안다는 것이다. 그래서인

지 우리는 스피치 중심의 사회 속에서 살고 있다.

미국 자동차업계의 전설적인 경영인 리 아이아코카(Lee Iacocca)는 자신이 성공할 수 있었던 것은 '스피치의 기술 덕분이었다.'라고 말했다.

그는 미국에서 손꼽히는 화술가이다. 그러나 그도 처음부터 뛰어난 화술가는 아니었다. 사실 25살 이전까지는 형편없이 더듬거리는 말솜씨를 지녔지만 '스피치 트레이닝 코스'에 나가 기본 요령을 터득하고, 자신감이 붙을 때까지 부단한 연습을 한 결과이다.

그렇다.

스피치는 소질이 아니라 학습이다. 대부분 기술이 그렇듯이 스피치도 소질이 아니라 학습이다. 누구든지 잘하겠다는 결심을 하고 부단히 연습한다면 성취할 수 있다.

스탠퍼드 대학교의 연구결과에 따르면, 한 사람의 인생에서 성공을 가늠할 수 있는 것은 다음과 같은 질문에 어떻게 답하느냐로 예상할 수 있다고 한다.

"당신은 지금 당장 자리에서 일어나 자기 생각을 제대로 말할 수 있습니까?"

필자의 명언이다.

"말을 잘해야 성공한다."

말솜씨는 타고난 사람보다 준비한 사람의 말솜씨가 뛰어나고 힘이 세다.

우리는 지금 말이 대세인 세상을 살고 있다. 스피치의 능력을 요구하는 이른바 '스피치의 시대'라고 할 수 있다. 사회와 관계 각 분야에서 스피치의 능력을 요구한다.

미국 격언에 '말하기는 연애와 같다.'라는 말이 있다.

이는 시작하기는 쉽지만, 사랑의 완성으로 마무리 짓기는 어렵다는 뜻이다.

우리나라 속담에도 '말이 고마우면 비지 사러 갔다가 두부를 사 온다.'라는 말이 있다.

글로벌 인재를 꿈꾼다면, 현재 지도자의 위치에 있다면, 그리고 성공을 원한다면 반드시 스피치 기술을 습득해야 한다.

표현력을 기르면 자신의 경쟁력을 높일 수 있으며 사회생활에서 인정을 받는다. 그리고 얼마나 말솜씨가 좋으냐에 따라 인간관계가 좋아지고 성공도 할 수 있다.

그렇다면 성공의 원동력인 스피치의 능력은 선천적인가 후천적인가? 다행스럽게도 스피치는 후천적인 학습의 산물이다. 누구나 배우고 익히면 잘할 수 있는 것이 스피치이다.

성공하는 리더의 첫 번째 조건을 스피치 실력이라고 본다.

인간관계 전문가 제임스 F. 벤더 박사는 미국의 톱 리더들을 대상으로 조사한 결과 리더가 갖추어야 할 제1조건은 '스피치'라고 말했다.

세계적으로 성공한 비즈니스 리더들의 공통점 중 하나로 뛰어난 의사소통 능력을 꼽았다.

인사담당자를 대상으로 벌인 설문 조사에서는 인사담당자의 89%가 대인관계와 의사소통을 입사 지원자의 리더십을 평가하는 중요한 잣대로 삼았다고 한다.

애플의 스티브 잡스는 "다양한 상황에서 기업의 목표와 비전을 말로 표현할 줄 아는 경영자의 능력은 앞으로 성패를 좌우하는 핵심 요인이 될 것이다."라고 말했다.

이는 말이 실력이 된 세상에 살고 있기 때문이다.

그렇다. 리더에게 무엇보다 중요한 것은 스피치 능력이다.

윗자리로 올라갈수록 스피치는 더욱 중요하다.

우리는 대부분의 자기표현과 다른 사람과의 커뮤니케이션을 "말"로 한다. 한마디로 '말발'이 없어서는 사업을 영위해나갈 수 없는 세상이 되었다. 그래서인지 너도나도 말을 배워야겠다는 '스피치' 열풍이 불고 있다.

여전히 미국 사람들이 가장 두려워하는 것 1위가 '사람들 앞에서 말하는 것'이라고 한다.

미국 사회는 이미 고등학교 교육과정에 스피치가 있어 말하기를 배우고 발표력을 기른다. 그래서 미국인들이 자신의 의사나 생각을 충분히 자신 있게 밝히는 이유가 이 때문이다. 반면 우리나라의 중고등학교 교육 과정 중 스피치를 배우는 일이 없다. 그렇다 보니 말이 어눌하고 표현력이 떨어져서 논리적 설득력이 부족하다.

당당한 스피치 전문가들을 보기가 쉽지 않다.

◀ 성공하려면 말에 목숨을 걸어라 ▶

경영학의 세계적인 대가 피터 드러커는 "인간에게 가장 중요한 능력은 자기표현이며, 현대의 경영이나 관리는 커뮤니케이션에 의해 좌우된다."라고 말했다.

이는 단순히 말을 잘한다는 것이 아니라 한 사람 뜻이 한 곳에 정체되지 않고 모든 사람의 의미가 잘 전달되도록 바로바로 패스하는 것을 의미한다.

스피치는 성공의 필수요소 가운데 하나이다.

미국의 정치가이자 저술가인 브루스 바턴은 성공한 사람들의 전기 1천여 권을 분석한 결과 "말을 잘하는 사람들이 세계를 지배하고 이끌어왔으며 그들이 앞으로도 세계를 지배하고 이끌어 갈 것이다."라고 확언했다.

말할 기회도 많고 할 말도 많은 시대에 정작 말을 제대로 못 해서 전전긍긍한다면 이보다 안타까운 일이 또 어디 있겠는가?

스피치에 자신감이 생기면 의사소통이 되어 대인관계가 원만해지고 대인관계가 잘 풀리면 사업이나 비즈니스가 순조로워져 만사형통 운수대통하게 마련이다.

한 번밖에 없는 인생, 한 번 찾아온 기회 대충 하지 말고 목숨 걸고 할 필요가 있다.

약장수처럼 겉만 번지르르해서는 안 된다.

말의 골격에 심오한 사상과 깊이 있는 이론적 바탕이 있어야 한다. 즉 말에는 진실과 감성적 얘기를 바탕으로 소신이 담겨 있어야 상대방에게 믿음과 신뢰를 줄 수 있다. 물 흐르듯 유창하기는 하지만 말에 알맹이가 없고, 내용이 유치하다면 그건 장터에서 약을 파는 약장수의 말처럼 그저 기계적으로 하는 말에 지나지 않을 것이다.

그칠 줄 모르고 솟아나는 약수처럼 막힘이 없고 들을 거리가 풍부한 이야기에는 누구나 귀를 기울이게 된다. 그렇게 되기 위해서는 스피치 내용이 흥미로워야 한다. 사람들의 관심을 끌어 모으는 이야기로 가득 채워져 있어야 한다.

독창적인 것, 특이한 체험 등으로 시선을 끌 수 있다.

새로운 정보나 사건 등의 소식으로도 가능하다.

사람들은 추상적이거나 논리적인 것보다는 구체적인 것을 더 좋아한다.

청중의 마음에, 형편에 맞는 효율적인 것을 좋아한다.

친근감, 즉 쉽게 공감할 수 있는 이야기나 에피소드 등은 누구나 귀를 기울인다.

사람들은 자극적인 요소에 흥미를 느낀다.

이야기에 대립하는 요소가 있으면 흥미는 배가 된다.

웃음은 가장 쉽게 사람의 마음을 열게 하는 요소이다.

열정적인 제스처와 함께 전하는 것으로 감동된다.

의사소통의 중요성을 강조한 역사상 최초의 문헌은 무엇일까?

기원전 6세기경 중국 춘추시대의 전략가 손무는 손자병법에서 "지휘관이 분명하고 또렷하게 명령을 내리지 않아서 병사들이 명령을 제대로 이해하지 못했다면, 그것은 지휘관의 책임이다."라고 적고 있다.

손무의 논지는 상대방을 잘 이해시키는 사람이 곧 말을 잘하는 사람이라는 것이다.

이처럼 의사소통에서 능수능란한 말솜씨보다는 메시지 전달능력이 더 중요하다고 강조하고 있다.

기원전 400년경 고대 그리스 철학자들이 쓴 수사학에 관한 작품들도 언어 소통의 다양한 측면들에 대해 깊은 통찰력을 보여준다.

소크라테스는 수사법에 대해 이렇게 적었다.

"흔히들 생각하는 것처럼 현란한 말솜씨로 대중의 마음을 흔들어놓는 것이 수사가 아니다. 수사는 법정과 대중 집회에서만 쓰는 것이 아니라 가정에서도 문제의 크고 작음, 좋고 나쁨을 떠나서 모든 문제를 처리할 때 쓰이며, 어떤 수사를 쓰든지 모두가 똑같이 동등하게 대우를 받아야 한다."

소크라테스는 그 무엇보다도 수사법을 제대로 구사하려면 말하는 사람이 자기가 전하는 메시지 못지않게 듣는 사람의 "영혼"도 이해해야 한다고 역설했다.

소크라테스가 죽은 뒤 약 두 세대가 지나서 등장한 아리스토텔레스는 수사학에 관해 가장 방대한 저작을 남긴 인물이자 대중 스피치라는 용어를 처음으로 쓴 선구자다.

그의 말 가운데 하나이다.

"수사는 어떤 경우이든 이용 가능한 모든 수단을 동원해서 설득할 방법을 찾는 기술이다."

참으로 인상적인 말이다.

아리스토텔레스가 수사학에 이바지한 공로는 설득이 일어나는 경우를 세 가지 범주로 분류한 점이다.

그는 설득의 3요소를 에토스(ethos), 파토스(pathos), 로고스(logos)로 분류했다.

에토스는 화자의 진정성을 의미한다.

60%를 차지하는 에토스는 품성이나 품격에서 나오는 인간적 신뢰감, 즉 인격이다.

파토스는 화자의 감정을 의미한다.

30%를 차지하는 파토스는 감성적 호소력, 즉 감성이다.

로고스는 화자의 논리를 의미한다.

10%를 차지하는 로고스는 논리적 구속력에 해당한다고 볼 수 있다. 즉 이성이다.

에토스는 화자의 품성에서 풍기는 진정성이나 화자가 전하는 메시지의 신뢰성, 즉 화자의 인격과 품격에 해당하고, 파토스는 청중의 가슴을 파고드는 정서적인 호소와 공감력을 뜻한다. 마지막으로 로고스는 객관적 사실이나 논리적 근거를 갖고 화자의 주장을 뒷받침함으로써 청자로 하여금 믿음을 갖게 하는 설명력이다.

로마의 철학자이자 뛰어난 웅변가기도 했던 키케로 역시 수사를 이렇게 정의하였다.

"사람들을 설득하기 위해 만든 스피치 기술이다."

키케로를 추종했던 스페인 출생의 철학자 퀸틸리아누스도 수사를 한마디로 "말을 잘하는 기술"이라고 표현했다.

고대 그리스의 철학자이며 소크라테스의 제자인 플라톤의 행복론 5가지 중에도 "연설을 듣고서 청중의 절반은 손뼉 치지 않는 정도의 말솜씨"라고 하였다. 즉 말을 잘하는 것이 행복의 척도가 되었다는 것이다.

현대 철학자이자 교수인 조지 캠벨이 말한 수사의 정의를 보면 이렇다.

"수사는 목적에 맞게 담화를 이끌어가는 기교 혹은 재능이다"

님의 말에 귀를 기울여라, 신중할지어다.

그러나 말수는 적어야 하느니라.

묻는 사람이 없거든 절대 입을 열지 마라.

물음을 받거든 간단히 대답해라.

행여 물음에 대해 모른다고 해도

그것을 고백하기를 부끄러워하지 마라.

_ 이슬람 수피파의 잠언

◀ 재치 있는 이발사의 말솜씨 ▶

한 이발사가 자신의 기술을 전수하기 위해 젊은 도제를 한 명 들였다.

젊은 도제는 3개월 동안 열심히 이발 기술을 익혔고, 드디어 첫 번째 손님을 맞이하게 되었다.

그는 그동안 배운 기술을 최대한 발휘하여 첫 번째 손님의 머리를 열심히 깎았다. 그러나 거울로 자신의 머리 모양을 확인한 손님은 투덜거리듯 말했다.

"머리가 너무 길지 않나요?"

초보 이발사는 손님의 말에 아무런 답변도 하지 못했다.

그러자 그를 가르쳤던 이발사가 웃으면서 말했다.

"머리가 너무 짧으면 경박해 보인답니다. 손님에게는 긴 머리가 아주 잘 어울리는 걸요!"

그 말은 들은 손님은 금세 기분이 좋아져서 돌아갔다.

두 번째 손님이 들어왔다.

이발이 끝나고 거울을 본 손님은 마음에 들지 않는 듯 말했다.

"너무 짧게 자른 것 아닌가요?"

초보 이발사는 이번에도 역시 아무런 대꾸를 하지 못했다.

옆에 있던 이발사가 다시 거들며 말했다.

"짧은 머리는 긴 머리보다 훨씬 경쾌하고 정직해 보인답니다."

이번에도 손님은 매우 흡족한 기분으로 돌아갔다.

세 번째 손님이 왔다.

이발이 끝나고 거울을 본 손님은 머리 모양은 무척 마음에 들어 했지만, 막상 돈을 낼 때는 불평을 늘어놓았다.

"시간이 너무 많이 걸린 것 같군."

초보 이발사는 여전히 우두커니 서 있기만 했다.

그러자 이번에도 이발사가 나섰다.

"머리 모양은 사람의 인상을 좌우한답니다. 그래서 성공한 사람들은 머리 다듬는 일에 많은 시간을 투자하지요."

　그러자 세 번째 손님 역시 매우 밝은 표정으로 돌아갔다.

　네 번째 손님이 왔고 그는 이발 후에 만족스러운 얼굴로 말했다.

　"참 솜씨가 좋으시네요. 겨우 20분 만에 말끔해졌어요."

　이번에도 초보 이발사는 무슨 대답을 해야 할지 몰라 멍하니 서 있
기만 했다.

　이발사는 손님의 말에 맞장구를 치며 말했다.

　"시간은 금이라고 하지 않습니까? 손님의 바쁜 시간을 단축했다니
저희 역시 매우 기쁘군요."

　그날 저녁에 초보 이발사는 자신을 가르쳐준 이발사에게 오늘 일에
관해서 물었다.

　이발사는 말했다. "세상의 모든 사물에는 양면성이 있다네. 장점이
있으면 단점도 있고 얻는 것이 있으면 손해 보는 것도 있지. 또한 세상
에 칭찬을 싫어하는 사람은 없다네. 나는 손님의 기분을 상하게 하지
않으면서 자네에게 격려와 질책을 하고자 한 것뿐이라네."

　말 한마디로 천 냥 빚을 갚는다는 말이 있듯이 능력 못지않게 중요
한 것이 바로 말하는 기술이다.

　똑같은 상황에서도 말 한마디에 의해 결과가 하늘과 땅 차이가 나
는 경우를 보게 된다.

　"어떻게 말하는가."는 당신이 "어떤 사람인가."를 말해주는 척도가
된다.

칭찬은 하루 세끼
먹어야 하는 밥이다

보통 긍정적인 칭찬의 말은 가슴을 찡하게 하고, 오랫동안 머릿속에 운을 남긴다. 가슴을 따뜻하게 해주기도 한다. 그래서 마더 테레사는 말하기를 "친절한 말은 짧고 하기도 쉽지만, 그 메아리는 오래간다."고 하였다.

또 마크 트웨인도 "좋은 칭찬을 한 번 듣는 것만으로도 나는 두 달을 살 수 있다."라고 하였다.

그렇다.

친절한 말은 작은 대가를 치르지만 많은 것을 가져다준다.

타인을 칭찬함으로써 내가 낮아지는 것이 아니라 나를 상대방과 같은 위치에 올려놓는 것이다.

한번은 에디슨이 말했다.

"나는 칭찬 한마디를 들으면 한 달이 즐겁다."

이 말을 반대로 말하면 이렇게 말할 수도 있다.

"나는 기분 나쁜 한마디를 들으면 한 달이 기분 나쁘다."

그렇다. 칭찬은 받으면 바보도 천재로 바뀐다. 온달을 장군으로 만든 것은 평강공주의 애정 어린 칭찬 때문이었다.

옛말에 "예인조복(譽人造福)"이라는 말이 있다. 이는 "남을 칭찬해 복을 짓는다."는 의미이다. 복은 저절로 하늘에서 뚝 떨어지는 것이 아니라 남을 사랑하고 칭찬함으로 스스로 만들어 가는 것이다. 그러므로 복은 오는 것이 아니라 만들어 가는 것이며 칭찬으로 복을 짓는 것이다.

"Encourage(격려하다, 칭찬하다)"라는 영어 단어는 프랑스어 "심장"에서 유래되었으며 "마음을 가득 담다."라는 의미가 있다. 즉 누구를 칭찬할 때는 진심으로 잘되기를 바라는 마음과 듣고 싶어 하는 말을 마음에 가득 담아 전하는 것이다.

칭찬은 단순히 "대단하다, 잘한다, 훌륭하다, 수고했다, 예쁘다."라는 미사여구를 갖다 붙이는 것이 아니다.

칭찬의 힘은 위대하다. 그래서 칭찬에 익숙해지면 따뜻하고 행복하며 관계가 좋아지며 성과가 올라간다.

우리나라 국민들의 행복지수를 보니 조사 대상국 178개국 중 102위였다.

직장인들의 일에 대한 만족도는 32개국 중 꼴찌였다.

OECD에 가입할 정도로 국가는 부유해졌지만, 국민의 행복지수와 일에 대한 만족도는 최하위였다.

그 원인은 다양하겠지만 잘한 것을 인정하지 못하고 칭찬에 인색하며 자존감이 낮기 때문이다.

지금 시대는 패러다임이 완전히 변했다.

이제는 운동선수든, 회사에서든, 가정에서도 그리고 인간관계에서도 심한 말이나 폭력, 화를 내거나 질책하며 강요하던 시대는 지나갔다.

목표를 달성하기 위해 무조건 참고 견디며 노력해야 한다는 것은 구시대의 유물이 된 지 오래다.

지금은 칭찬과 격려에 익숙한 시대이다. 칭찬으로 다스리는 시대이다.

그런데 문제는 칭찬이 좋은 건 알면서도 구체적인 칭찬 방법론을 가르치는 곳도 없으며 배우려고 하는 사람들도 별로 없다.

칭찬의 힘을 보면 인간관계를 풍성하게 해준다. 그런데도 보통은 칭찬에 인색하다. 칭찬은 상대의 비위 맞추기나 아첨과는 다르다. 칭찬은 상대에게서 긍정적인 부분을 찾아내 인정하고 격려하는 행위다. 그래서 칭찬을 하면 사람은 움직인다. 그러기 위해서는 상대에 대한 관심과 인정이 필요하다. 그가 한 일의 성과를 인정해주고 알아주는 것이다.

권력과 재력만 있으면 존경받는 리더의 시대는 갔다.

직원이나 관계하는 사람의 긍정적인 면에 기뻐하고 아낌없이 포상하고 칭찬하는 리더의 시대이다. 수고한 사람에 대해 그 노력과 성과를 인정해 주고 적절한 칭찬을 해주는 리더가 진짜 굿 리더(good leader)이다. "당신 덕분이다."라며 엄지손가락을 내미는 사람이 진짜 멋진 리더이다.

직원들이 동기부여를 갖게 하고 업무에 적극적이고 회사에 더욱 애착을 갖게 하는 방식은 비로 포상이다.

포상하게 되면 기업은 더 높은 이익을 얻는다. 그래서 이런 말이 있다.

"현대의 위대한 발명가는 최고의 인재를 발견하는 관찰자이다."

매달, 매년 "올해의 직원"을 뽑아서 포상해보자. 포상은 직원들의 가치를 인정해 주는 것이다.

칭찬은 구체적으로 많이 길게 하는 것이 좋다. 따라서 시시때때로 칭찬하고 공개적으로 포상하고 칭찬하자. 그리고 칭찬은 5 대 1 칭찬의 법칙을 적용하는 것이 좋다. 칭찬 다섯 번에 꾸중은 한 번 한다는 의미이다.

꾸중은 최소한으로 하되 대신 칭찬은 많이 하자.

◀ 그 한마디의 칭찬이 내 삶을 결정지었다 ▶

베스트셀러가 된 "칭찬은 고래도 춤추게 한다"라는 책이 있다. 무게 3톤이 넘는 범고래가 환상적인 점프와 멋진 쇼를 펼쳐 보일 수 있는

것은 고래에 대한 조련사의 긍정적인 태도와 칭찬과 격려가 있었기 때문이다.

여기서 '고래 반응'(Whale Done response)이라 불리는 범고래 훈련법은 성공적인 인간관계를 위한 훈련법과 다르지 않으며 크게 세 가지로 그 핵심을 말할 수 있다.

> *첫째, 고래가 쇼를 멋지게 해냈을 때는 즉각적으로 칭찬하고*
>
> *둘째, 실수했을 때는 책망하는 대신에 관심을 다른 방향으로 유도하며*
>
> *셋째, 중간마다 계속해서 격려하는 것이 핵심이다.*

여기 칭찬 한마디가 사람의 일생을 바꾸어놓은 이야기가 있다.

제2차 세계대전이 끝난 뒤 먹고 잘 곳도 없는 한 청년이 파리의 한 의상실 앞에서 비를 피하고 있었다.

청년은 이탈리아의 유복한 사업가의 아들로 태어났지만, 1차 세계대전으로 부친의 사업이 망해 가족이 모두 프랑스로 이주하였고 생활이 어려워 적십자사에서 아르바이트로 생활하였다. 끼니를 잇기 어려운 형편이라 옷을 사 입을 수가 없어서 이 청년은 스스로 천을 구해 옷을 만들어 입었다.

끝이 보이지 않는 생활고로 절망이 엄습할 때면 이상하게도 그의 발걸음은 의례 의상실 앞에 가 있었다.

어느 날 비를 피해 의상실 앞에서 의상실을 들여다보고 있는데 마침 의상실에서 나오던 한 부인이 그를 유심히 바라보고 있더니 물었다.

"어머, 그 옷 참 멋이 있네요. 어디서 맞추었지요?"

"네? 이 옷은 맞춘 것이 아니고 제가 만든 것입니다."

"그래요? 정말로 멋집니다. 당신에겐 옷을 만드는 특별한 재주가 있나 봐요"

그 청년은 이름 모를 이 부인의 한마디에 눈이 번쩍 뜨였다.

1950년, 그 청년은 부인의 칭찬 한마디에 힘을 얻어 변두리에 의상실을 차렸다. 그리고 얼마 안 가 디자인 솜씨가 뛰어나다는 소문이 퍼지고 영화 "미녀와 야수"의 의상을 담당할 것을 제의받아 성공적으로 해내며 한 발 한 발 목표를 향해 나아가게 되었다.

그 결과 1974년에는 타임지의 표지를 장식할 만큼 성장하여 "유럽에서 성공한 최고의 디자이너"라는 찬사를 들었다.

그가 바로 이름 모를 부인의 칭찬 한마디로 유명한 디자이너가 된 피에르가르뎅이었다.

또 한 예를 보자.

미국의 빌리 그레이엄 목사는 20세기 세계적인 부흥사이다.

그는 어려서 동네 사람들의 눈살을 찌푸리게 하는 골칫덩이였다. 그래서 사람들은 "저 아이가 커서 뭐가 되겠는가?" 하며 머리를 흔들었다고 한다. 그러나 그의 할머니만은 달랐다.

"너는 말을 잘하고 사람 끄는 재주가 있어, 개성만 살리면 크게 될 게야!"라고 말하며 그를 언제나 지지해 주었다고 한다. 그리고 마침내 할머니의 말 한마디가 그의 인생을 바꾸어 놓았다. 그리고 그는 사람들이 존경하는 세계적인 부흥사가 된 것이다.

이처럼 칭찬은 위대한 힘을 갖고 있다.

어느 유명한 화가의 고백이다.

어머니가 장을 보러 간 후 혼자 놀다가 잉크병을 깨뜨려서 잉크로 온 벽이 뒤범벅되어 버렸다. 어머니가 돌아오면 혼날 것이 걱정되었다. 그런데 어머니가 와서 얼룩진 벽을 보더니 말했다.

"아들아! 너는 미술가가 될 소질이 있구나! 예술적이다."

어머니가 주는 칭찬 한마디가 그 아들을 미술가로 만들었다.

한마디 칭찬이 얼마나 중요한지 그 가치는 아무리 강조하여도 지나치지 않다. 칭찬은 고래도 춤추게 한다.

세계적으로 유명한 동화 작가인 안데르센은 원래부터 동화를 잘 썼던 것이 아니다.

11살 때 아버지가 세상을 떠나자 안데르센은 공장에서 일하며 돈을 벌었다. 쉬는 시간이면 상상의 주인공이 되어 노래하고 연기하였는데 사람들이 칭찬할 때마다 배우가 되고 싶은 꿈은 점점 커졌다. 그래서 코펜하겐의 이름난 사람들을 찾아갔지만, 모두가 고개를 절레절레 흔들었다.

'키가 크고, 못생기고, 괴상한 꼴로 배우가 되겠느냐!'며 안데르센을 비웃으며 무시했다.

안데르센은 배우가 못 될 바에는 극작가가 되어 내 손으로 글을 써 본다며 연극 대본을 써서 극장으로 갔다. 그런데 상상력은 좋지만 맞춤법이 엉망이라 해서 또 퇴짜를 받는다.

그리하여 안데르센은 다시 학교에 들어갔지만 공부가 어려워 야단맞기 일쑤였다. 그래도 그는 열심히 공부하며 작가의 꿈을 키워 나갔다.

그가 어려서 글을 썼을 때 사람들은 하나같이 "글을 쓰지 마라. 다른 일을 찾아라. 너는 전혀 글 쓸 재질이 아니다."라고 말했다고 한다.

그런데 똑같은 글을 본 그의 어머니는 "너무 글을 잘 쓴다. 너무나 감격스럽다!"라며 아낌없이 칭찬해 주었다.

그 후 어머니의 칭찬을 듣기 위해 그리고 즐거움을 위해 동화를 쓰기 시작했다. 그것이 점점 발전하여 세계적인 동화들을 탄생시킨 것이다.

이처럼 칭찬은 대단한 힘을 발휘한다. 그 사람의 불가능해 보이는 잠재적 능력까지 발굴하여 발휘하게 한다.

불우한 가정환경을 극복하고 세계적인 동화 작가가 된 안데르센은 그의 인내심과 노력, 그리고 어머니의 칭찬이 있었기에 가능했다.

우리가 잘 아는 '맥아더 장군'도 어린 시절 개구쟁이었고, 동네에서는 골목대장이었다.

그런 모습에 사람들은 '그의 장래를 염려했다.'고 한다. 그러나 그의 할머니는 "너는 군인의 기질을 타고났다."며 응원해 주었다고 한다.

그리고 할머니의 그 말 한마디에 맥아더는 자신의 재능을 발견하고 결국 위대한 군인이 될 수 있었다.

프랑스의 사상가 장 자크 루소의 말이다.

"한 포기의 풀이 싱싱하게 자라려면 따스한 햇볕이 필요하듯이 한 인간이 건전하게 성장하려면 칭찬이라는 햇볕이 필요하다."

그렇다. 어떤 상황이라 하더라도, 칭찬 한마디의 위력은 대단하다.

격려의 말을 하느냐, 화내는 말을 하느냐에 따라 상대방의 삶이 변화될 수 있기 때문이다.

무심코 내뱉은 한마디의 말이 한 사람의 인생을 바꿀 수도 있다.

역시 에이브러햄 링컨 얘기이다.

미국의 16대 에이브러햄 링컨 대통령이 암살당하던 날, 그의 호주머니에서 발견된 세 가지 유품이 스미소니언 박물관에 전시되어 있다.

첫 번째 유품은, 자신의 이름이 수가 놓인 손수건 한 장

두 번째 유품은, 시골 소녀가 보내 준 주머니칼 하나

그리고 세 번째 유품은, 자신을 칭찬하는 기사가 실린 낡은 신문 조각이었다.

그 신문에는 이런 글귀가 적혀 있었다.

"에이브러햄 링컨은 역대 정치인들을 중에서 가장 존경받을 만한 사람이라 할 수 있다."

링컨처럼 위대한 사람도 자신을 칭찬해 주는 신문기사를 호주머니에 넣고 다니면서 힘들고 괴로울 때마다 꺼내 보며 위로를 받고 힘을 얻었다는 것이다. 그렇듯 지금 우리에게 필요한 것은 다름 아닌 칭찬이다.

인간은 누구나 칭찬받기를 좋아한다. 남녀노소를 불문하고 칭찬을 들으면 기쁘고 기분이 좋다.

진정한 칭찬의 감정을 넘어 잠재된 능력과 에너지가 발휘된다.

알베르트 아인슈타인은 타임스지가 20세기를 마무리 짓는 "금세기의 인물"로 선정했던 사람이다.

많은 사람의 예상을 뒤엎고 올해의 인물로 한 번도 선정되지 않았던 알베르트 아인슈타인이 20세기 최고의 인물이 되었다.

그 선정에 참여했던 기자는 그가 천재가 되어 많은 과학 원리들을 발견한 것은 다름 아닌 사물을 관찰하는 긍정적인 태도였다고 한다.

아인슈타인은 독일에 사는 유대인 가정에서 태어났다.

그는 학교에서 언어발달이 늦어서 학습부진, 지나친 결석, 산만한 행동 등의 여러 가지 학습 문제가 생겨 문제아로 낙인찍혔다. 그의 고등학교 생활기록부에는 담임선생님의 날카로운 지적이 생생히 적혀 있었다.

"이 학생은 무슨 공부를 해도 성공할 가능성이 없습니다."

장래를 염려한 부모는 여러 번 이사하면서 전학을 시키곤 했지만 소용이 없었다. 이러한 그가 학습장애를 극복하고 천재가 된 것은 자신의 단점에도 불구하고 포기하거나 주저앉지 않았고 특별히 어머니의 칭찬이 있었기 때문이다.

"아들아, 너는 다른 아이와 다르단다. 네가 다른 아이와 같다면 너는 결코 천재가 될 수 없어."

아인슈타인의 담임선생님은 그의 천재성을 알아보지 못했지만, 그의 어머니는 아인슈타인의 가능성과 미래를 보았다.

어머니의 칭찬에 포기하거나 낙오하지 않고 자기에게 주어진 재능을 발휘할 기회를 가지게 되었고 결국 그는 20세기가 낳은 최고의 인물, 천재 중 한 사람으로 우뚝 서게 되었다.

지그 지글러가 쓴 "정상에서 만납시다"라는 책을 보면 17년 동안 저능아로 살았던 한 천재 학생을 소개하고 있다.

한 학생이 15세 때 반의 한 선생님으로부터 이런 소리를 들었다.

"너 같은 저능아는 공부해도 소용없어! 장사나 하는 것이 낫다."

학생은 그 말을 듣고 17년 동안 공부를 멀리 하며 저능아처럼 살았다. 그러던 그가 32세가 되었을 때 우연히 자기 IQ가 161이라는 사실을 알게 되었다.

그후 그는 천재처럼 행동하기 시작했으며 많은 책을 썼고 새로운 발명의 특허를 냈다. 그리고 큰 규모의 기업가가 되었다. 또한 천재들의 모임인 멘사(MENSA) 클럽의 회장이 되기도 했다.

그는 한 선생님의 무지 때문에 17년이라는 긴 허송세월을 보낸 것이다.

사람은 칭찬을 먹고 사는 것이다. 그러므로 칭찬 한마디에 천재 또는 바보가 될 수도 있는 것이다.

한 여학생의 이야기이다.

집에서는 엄마로부터 '바보'라는 소리를 들었고 오빠로부터는 '뚱보'라는 말을 들었으며 학교에서는 별 인기 없는 평범한 학생이었다.

그런데 6학년이 되어서 새로운 담임선생님으로부터 강력한 힘이 되는 칭찬의 말을 듣게 되었다.

"너는 눈이 초롱초롱하구나, 참 똑똑하구나, 잘하는데!"

그런 담임선생님의 칭찬의 말을 듣고 마음을 새롭게 한 여학생은 집에서나 학교에서 열심히 예습과 복습을 하였고, 다음 성적에서는 전교 1등을 하였다. 그리고 훗날 대학을 수석으로 입학하였다고 한다.

다시 말해서 선생님으로부터 칭찬의 말 한마디가 한 평범한 학생의 인생을 완전히 바꾼 것이며 인생역전을 시켜버렸다.

칭찬의 말은 이처럼 한 사람의 운명에도 영향을 준다. 그 사람의 잠재된 무한한 가능성을 발휘하게 한다. 그러므로 절대적으로 다음의 말을 잊지 말고 가슴에 새기자.

"내가 무심코 내뱉은 말은 사람을 죽이기도 하지만 살리기도 한다."

한 학생이 몹시 학교에 가기를 싫어했다. 그런데 어느 날부터 아주 즐거운 기분으로 학교에 가기 시작했다. 부모님이 그 이유를 알아보았더니 다름 아닌 미술 시간에 선생님이 그녀의 그림을 보더니 이렇게 칭찬을 한 것이다.

"하늘빛이 참 예쁘구나!"

또 음악 선생님은 이렇게 말했다.

"네 목소리는 아주 드라마틱한 베이스로구나!"

그렇다. 누구든 능력은 비난 속에서 시들고 말지만, 칭찬 속에서는 꽃을 피우게 된다.

칭찬은 잠자던 거인을 깨우는 능력이다.

칭찬 중에서 가장 중요한 칭찬은 내가 나를 칭찬하는 것이다.

이 세상에서 가장 중요한 것은 나이다. 나 없이 네가 있을 수 없다. 나 없이 미래가 있을 리가 없다. 나 없이 가정이 없다. 내게 가장 중요한 것은 나이다. 그렇기에 항상 내가 나를 칭찬할 수 있어야 한다. 내가 나를 가장 중요하게 여겨야 한다.

가장 귀한 칭찬은 내가 나를 칭찬하는 것이다.

"정상에서 만납시다"라는 책으로 유명한 지그 지글러는 아침에 일어나면 제일 먼저 거울 앞으로 간다. 그리고 거울 속에 자기를 보면서 외친다.

"너 지그 지글러는 하나님의 자녀다."

이렇게 자기가 자기를 칭찬하고 하루를 시작해야 한다.

필자는 네덜란드의 화가 빈센트 반 고흐 걸작품 중 〈해바라기〉라는 그림을 좋아한다. 그 이유는 〈해바라기〉는 지치지 않는 열정을 의미하기 때문이다.

천부적인 재주를 지닌 빈센트 반 고흐는 대단한 추남이었다. 그러나 그는 천재적인 화가였고 아름다운 영혼을 지니고 있었다. 하지만 그의 육체는 볼품이 없었다. 세상 누구도 그를 좋아하지 않았다. 누구에게서도 사랑받지 못했던 그는 외로움을 견딜 수 없어서 어느 날 매춘부에게 가서 부탁한다.

"지금까지 살면서 누구도 나를 좋아하지 않았어. 더구나 잘생겼다거나 멋있다는 말은 한 번도 들어보지 못했지. 그런데 오늘 나는 그 말을 꼭 듣고 싶어."

말이 떨어지자마자 매춘부는 억지로 그의 외모에서 장점을 찾아보기 시작했다. 객관적으로 볼 때 잘생긴 부분을 찾기가 어려웠다. 그래도 꼭 고르라면 귀는 그런대로 잘생긴 편이었다. 드디어 그녀는 고흐를 보며 "하지만 당신의 귀는 잘생겼네요!"라고 칭찬의 말을 해주며 그의 귀를 쓰다듬었다.

그는 처음 듣는 칭찬이라 너무도 기뻐 곧바로 집으로 돌아왔다. 그리고는 자신의 귀를 칼로 잘랐다. 다시 매춘부에게 달려가서 피가 흐르고 있는 귀를 내밀며 말했다.

"네가 내 귀를 좋아하니 이제 내 귀는 네 거야!"

정신질환을 앓고 있던 반 고흐는 그만큼 칭찬에 목말라 있었다.

그렇다.

사람은 누구나 외모와 관계없이 누군가에게 칭찬을 받거나 사랑을 받으며 살도록 빚어진 존재이다.

사람에게 용기를 줄 수 있는 가장 큰 방법은 바로 칭찬이다.

사람의 상처나 허물을 웃음으로 그리고 칭찬으로 다독여주는 사람이 진정한 리더이다. 그러므로 오늘 칭찬할 시간을 가져야 한다. 이는 성공하며 행복한 사람으로 가는 지름길이다.

칭찬은 지금 바로 해야 한다. 칭찬을 내일로 미루지 말아야 한다. 칭찬해서 싫어할 사람은 한 사람도 없다.

칭찬 한마디가 인생의 방향을 결정할 수 있다.

사람들은 자신에게 가능성을 말해 주며 칭찬해 주는 사람들을 더 가까이 하는 습성이 있다. 누구나 자신을 알아주는 사람을 좋아하며 칭찬을 듣기를 원한다.

칭찬은 잠재된 능력과 가치를 발휘하게 하는 막강한 힘을 가지고 있기 때문이다.

한 사람의 인생이 한마디의 칭찬으로 얼마든지 역전될 수 있다. 왜냐하면 칭찬이 성공의 열쇠이기 때문이다.

아무리 튼튼하고 굳게 닫힌 문이라 할지라도 아주 작은 열쇠에 의해서 열리는 것을 알고 있듯이 바로 진심 어린 칭찬과 격려가, 응원이 성공의 열쇠가 된다.

칭찬 십계명

- 칭찬할 일이 생겼을 때 즉시 칭찬하자.
- 잘한 점을 구체적으로 칭찬하자.
- 가능한 한 공개적으로 칭찬하자.
- 결과보다는 과정을 칭찬하자.
- 사랑하는 사람을 대하듯 칭찬하자.
- 거짓 없이 진실한 마음으로 칭찬하자.
- 긍정적인 눈으로 보면 칭찬할 일이 보인다.
- 일이 잘 풀리지 않을 때 더욱 격려하자.
- 잘못된 일이 생기면 관심을 다른 방향으로 유도하자.
- 가끔 자기 자신을 칭찬하자.

_ '칭찬은 고래도 춤추게 한다'의 저자 〈캔블랜차드 외〉 중에서

말의 명장

◀ 말이 씨가 된다 ▶

세상에는 빈말이 없다. 그냥 무심코 던진 말로 사람을 쓰러트리기도 하고, 그 쓰러트린 사람을 일으켜 세워 주기도 한다. 이는 말에 힘이 있다는 것이다.

고대 최초의 의사였던 히포크라테스는 이런 말을 남겼다.

"의사에게는 세 가지 무기가 있다. 그 첫째는 말이고, 둘째는 메스고, 셋째는 약이다."

이는 말이 메스보다 그리고 약보다 더 강력하다는 것을 의미하는 것이다.

저녁에 집에 들어서는데 자녀가 나와서 "아빠, 최고예요!"

아침에 출근하는데, 아내가 남편을 세우더니 하는 말, "당신을 만나서 행복해요!"

회사에 출근했더니, 갑자기 사장이 불러서 하는 말, "어제 그 힘든 일을 해내다니 정말 대단해요!"

이처럼 마음으로 전달되는 한마디 말이 우리의 삶을 새롭게 바꾸어 버린다.

싸움과 분열, 갈라짐과 상처 등의 원인을 보면, 한마디로 진심과 배려가 빠졌기 때문이다. 더욱 놀라운 사실은 말에는 치유력이 있다는 것이다. 그래서 '나는 건강하다.', '다 나았다.', '아프지 않다.'고 말하면 그대로 이루어지는 치유의 힘을 가지고 있다. 즉 좋은 말에는 치유해 주는 파동이 나온다.

'좋은 스피치'란 다음의 세 가지로 말할 수 있다.

첫째가 정보다.

둘째는 웃음이다.

셋째는 감동이다.

'세상에서 가장 먼 길은 말이 심장까지 가는 길이다.'라는 말이 있다. 그래서인지 요즘 말을 잘해야 살아남는다.

인간과 동물은 다르다.

인간은 사랑한다는 말을 다양한 언어로 표현하지만 동물은 소리로 표현한다.

분명 언어는 인간만이 가지고 있는 특권이다.

스피치에도 철학이 있어야 한다. 철학이 담기지 않은 스피치는 감동이 없기 때문이다. 제아무리 빛나는 금 그릇이라 하여도 무엇이 담겨 있느냐가 중요한 것이다.

사람들이 가장 많이 묻는 것이 '어떻게 하면 말을 잘할 수 있느냐?'이다.

대답은 간단하다.

말을 할 때 향을 내라는 것이다. 향기 나는 말은 적까지 내 편으로 만들고 불통까지 소통으로 만든다.

내가 하는 말이 향기 나는 말이 되기 위해서는 논리적인 것보다는 감정을 건드릴 수 있는 울림(느낌)의 말이어야 한다.

상대의 감정을 고려하지 않은 말은 답답함만 증폭시킨다.

무릇 세상에는 뜻만 있는 것이 아니라 느낌이 더 많다. 배설하듯 말하지 말고 상대와 느껴가며 말하자.

말하는 것은 기술이지만 느낌을 주고받는 것은 예술이다.

감명 깊은 말은 어디에서 나올까?

바로 경험에서 나온다. 경험에서 나온 말은 질감이 다르다.

중국을 통해 백두산을 다녀온 사람이 말하는 것과 그렇지 않은 사람이 말하는 백두산의 느낌은 전혀 다르다.

감동을 주는 말은 논리적이고 문법적으로 완벽한 말이 아니라 진심을 담아 말을 하는 것이다. 이것이 말을 잘하는 방법의 하나이다.

가수들은 절대로 한 곡의 노래를 부를 때도 일정한 톤으로 부르지 않는다.

왜 그럴까?

사람을 감동하게 하려면 톤을 달리 해야 한다. 그러므로 대화에서 강약, 리듬, 템포 등은 매우 중요한 기술이다.

◀ 눈높이 언어 ▶

심리학적 용어로 엘리베이터 효과가 있다.

상대가 5층에 있다면 나도 5층에서 말을 해야 한다. 상대가 1층에 있는데 나는 10층에 있다면 제대로 내 말을 전달할 수 없다.

이 말의 의미로 맹자(孟子)의 '이루편(離婁編)'에 보면, 역지사지(易: 바꿀역 地: 땅지 思: 생각할사 之: 갈지)라는 말이 나오는데 이는 처지를 바꾸어서 생각하라는 말이다.

앞을 못 보는 걸인이 "나는 장님입니다. 도와주세요.(I'm blind. Please Help!)"라는 팻말을 들고 길거리에서 구걸하고 있었다. 하지만 행인들은 제 갈 길이 바빠서 걸인을 못 본 척하고 지나가기 일쑤였고, 걸인은 자주 끼니를 거르지 않을 수 없었다.

그때 한 여인이 다가와 걸인의 팻말을 보더니 다른 말로 문구를 고쳐주었다.

그러자 팻말의 글이 바뀌는 그 순간부터 사람들은 걸인을 그냥 지나치지 않고 많은 도움을 주었다. 그리하여 그 걸인은 이전보다 2배의 수입을 올릴 수 있었다.

걸인은 궁금했다. 과연 자신의 팻말에 어떤 글이 쓰여 있기에 사람들의 행동이 바뀌었는지 알 수 없었던 것이다.

얼마 후 팻말의 글을 바꿨던 여인이 다시 온 걸 알고 물었다.

"내 팻말에 뭐라고 적었나요?"

여인은 같은 말이지만 다른 단어로 적었다고 말을 해주고 유유히 그 자리를 떠났다.

그 여인은 '나는 장님입니다'라는 지극히 평범한 팻말을 다른 단어를 사용해 바꾸었다.

"아름다운 날입니다. 그리고 저는 그걸 볼 수 없습니다.(It's a beautiful day. And I can't see it.)

잔잔한 감동이 오지 않는가!

팻말의 목적은 같다. 돈을 달라는 것이다. 하지만 표현이 다르다.

말도 마찬가지이다. 어떤 표현으로 말하느냐에 따라서 청중들의 마음을 움직이기도 하고 그렇지 않기도 하다.

그렇다.

좋은 스피커(Speaker)는 청중의 눈높이를 맞추는 능력을 갖춘 자이다.
"당신의 말을 바꾸면 당신의 세상이 바뀝니다."

◀ 만인 스피치 시대 ▶

지금은 무슨 시대일까?

'만인 스피치 시대'이다. 말을 얼마나 잘하는지 '온 국민 강사시대'라고 말한다.

요즘은 행사도 많아졌고 말할 기회가 열려 있다.

그런데 스피치는 준비를 해야 한다. 사전에 내용과 표현을 다듬어야 한다.

원고를 남이 써주면 읽기만 하게 된다.

이런 낭독 스피치는 감동이 없다.

직접 작성해야 한다. 그러므로 스피치의 예습을 하는 것이다.

그렇다면 스피치 원고는 어떻게 써야 하는가?

아리스토텔레스는 스피치 준비에 관하여 다섯 가지 방법론을 제시하였다.

첫째는, 고안(invention: 깊이 연구하여 생각해 내다)이다.

둘째는, 배열이다.

셋째는, 스타일이다.

넷째는, 암기이다.

그리고 다섯째는, 전달이다.

스피치 원고 작성을 놓고 말할 때, 거기에 무슨 일률적인 요령이나 비결만이 최고의 작성법이라고 보지 않는다. 다만 처음 훈련할 때는 일반적인 요령 같은 것을 중심으로 하는 것이 좋다.

그 유의사항 몇 가지를 제시하면 이렇다.

- 스피치 원고는 직접 문안을 작성하여 내 생각을 반영토록 해야 한다.
- 너무 사무적이거나 통속적인 표현 또는 어려운 말은 피하도록 한다.
- 스피치는 말하기를 위한 글이므로 문어체로 쓰지 말고 구어체를 살려서 쓴다. 그리고 한 문단을 너무 길게 쓰지 않아야 말하기도 좋고 듣기에도 신선하다.
- 감동을 주거나 기억에 입력될 만한 이야기를 한두 군데 삽입해 놓는다. 즉 에피소드, 예화, 사례, 인용구, 유머 등을 의미한다.
- 아무리 내용이 좋아도 너무 딱딱하면 지루하다. 쉬운 말과 해학을 배합하여 장내 분위기를 장악할 만한 유머를 활용하면

금상첨화다.

- 주최 측의 희망하는 제한 시간을 넘기지 않도록 원고 분량을 미리 정한다. 스피치의 골격은 반드시 암기한다.

◀ 말은 짧고 간결해야 한다 ▶

〈논어〉의 '위령공편'에 보면 공자의 가르침 중에 '말은 뜻을 전달하면 그만이다.'라는 말이 있다. 이는 겉모습도 중요하지만, 본질이 더 중요하다는 것을 의미하는 것이다.

미사여구로 상대방의 마음을 끌고 싶어 교묘한 말로 꾸미려고만 한다면 가식적인 모습이 읽히게 된다. 그리고 핵심을 짚지 못하는 말은 상대를 지루하게 한다. 상대에게 신뢰를 얻지 못한다.

또한 지나친 의욕으로 말을 하면 일을 그르칠 수 있다. 그 기교가 지나치거나 진실을 벗어나면 오히려 기대하지 않았던 결과를 얻을 수 있다.

사람들의 마음을 얻고 설득력이 뛰어난 사람들을 유심히 보면, 당당하고 자신이 있는 사람일수록 말이 짧고 간결하며 힘이 넘친다는 것을 발견할 수 있다.

당연하다.

뭔가 준비가 덜 되고 자신감이 없을 때에는 말에 힘이 없고 지루하게 중언부언(重言復言)하게 된다.

소통의 모든 기술을 익히는 목적은 내용의 핵심을 전달하기 위함이다. 핵심이 먼저고 그 다음이 기교다. 핵심의 뜻을 전하고 기교를 발휘하여 설득하는 것이다.

그래서 자신 있게 말을 힘 있게 하는 사람들은 모두 말이 간결하고 짧다는 것이 특징이다.

짧고 핵심적인 말을 해야 하며 진심이 담겨 있어야 한다. 그래야 듣는 사람의 마음을 움직인다.

상대방에게 관심을 기울이고 있다가 가장 적절한 핵심의 말을 하면 사람들의 마음을 움직일 수 있다. 그래서 상대방의 처지에서 생각하고 행동하는 맹자의 역지사지(易地思之) 자세가 중요한 것이다.

말을 잘한다는 것, 그것은 화려한 말솜씨가 아니라 진심이 담긴 말, 즉 상대방이 가장 듣고 싶은 말을 하는 것이다.

대화법에 "KISS(Keep It Short & Simple)"라는 말이 있는데, 이는 짧고 명확하게 자기 생각을 전달하는 기술을 말하는 것이다.

요즘 모든 스피치 대화법의 특징이 쉽게 짧고 간결하다는 것이다.

KISS 스피치 대화법을 잘 구사했던 대표적인 인물이 스티브 잡스이다. 그는 스탠퍼드 대학에서 했던 졸업 축하 연설 중에 "항상 갈망하라, 바보처럼 우직하라.(Stay hungry, stay, foolish)"라는 말 한마디로 사람들의 마음을 움직였다. 짧지만 강력했다.

그렇다.

사람들 앞에서 말을 할 때 항상 짧고 강력하게 얘기해야 한다.

어느 순간, 순발력 있게 풍부한 어휘력을 선택하여 쉽고 간결한 말로 핵심을 정확하게 짚어 말하는 것이다.

장황하고 길게, 구구절절 설명해서는 단순하고 간결하게 말하는 사람을 이길 수 없다.

준비와 자신감이 가득한 사람은 간결한 말로 풀어낸다.

◀ 준비의 힘 ▶

모든 분야가 다 같겠지만, 말의 분야에서 준비의 힘은 대단하다. 아니 완전히 다른 결과를 가져온다.

회의, 발표, 세미나, 강연 등에서 실패하는 이유는 너무 늦게 준비를 시작한다는 것이다. 그래서 에이브러햄 링컨은 "내게 만약 나무를 베어 넘어뜨릴 시간이 여덟 시간이 주어진다면 그중에 여섯 시간은 도끼날을 가는 데 쓰겠다."고 했다.

우리는 보통 발표할 날짜가 임박해야만 내용을 준비한다. 거기에 실전처럼 훈련하는 시간은 거의 갖지 못한다. 그래서 전달력이 부족한 것이다.

시합에 나갈 운동선수들은 항상 경기하기 전에 충분한 연습과 훈련으로 준비한다.

마찬가지로 사전준비 없이 말해서 청중에게 감동을 줬다는 얘기를 들어본 적이 없다.

앞으로도 그럴 것이다.

우리 주변에 있는 보통 중소기업 CEO의 한 주간의 일정은 대략 다음과 같다. 사람과 사람 즉 소통 중심의 삶인 것을 알 수 있다.

- 월요일 = 월요 직무회의, 직원 앞에서 축사, 인사말 하기.
- 화요일 = 크고 작은 비즈니스 협상 모임 참석.
- 수요일 = 중요 협력업체 회의, 기관에 구체적인 방안 설명.
- 목요일 = 어느 사람과의 인터뷰, 긴급 업무보고.
- 금요일 = 신제품 판매전략 토론, 송별모임 참석 인사하기.
- 토요일 = 골프 모임의 회장으로 인사하기.

요즘 한국 사회의 임원, 간부 그리고 CEO는 눈코 뜰 새 없이 바쁘다.

계속되는 회의, 강연, 협상, 발표, 브리핑, 프리젠테이션, 연설, 축사, 토론, 강의, 설득, 상담 등 다양한 커뮤니케이션의 과제를 처리해야 하기 때문이다.

그런데 문제는 그 누구도 성공적인 커뮤니케이션 교육을 제대로 받지 않고 소통이 이루어진다는 것이다. 이런 준비 없는 자세로는 절대로 사람의 마음을 사로잡을 수 없고, 내 편으로 만들 수도 없다.

커뮤니케이션에서 실패하는 사례 중 3분의 2는 불충분하거나 잘못된 준비과정에서 비롯된 것이다. 그래서 이런 말이 있다.

"준비하는 시간은 발표하는 시간의 10배다!"

이는 전문가라 할지라도 변하지 않는다.

여러분이 앞으로 성공적인 커뮤니케이션을 이루고 싶다면, 다음의 세 가지 원칙을 반드시 지켜야 할 것이다.

기억하자.

일찍부터 준비하고 연습하면 어떤 커뮤니케이션이라 할지라도 성공할 수 있다. 커뮤니케이션은 곧 자신감이다.

1) 준비의 원칙

5분짜리 발표를 할 때 50분을 준비하는 것은 기본적인 원칙이다. 10배의 노력과 준비를 하는 것은 전문가라고 하더라도 이 원칙은 변하지 않는다. 그렇다면 준비과정이 부족하여 생기는 것들은 무엇인가?

준비과정은 일종의 숙성과정이다. 그러므로 준비과정 부족으로 이런 것들이 나타난다. 미숙한 발표자의 태도, 행동이 드러난다. 그러므로 내용에 신뢰감을 잃는다. 자신감의 부족으로 불안감을 보이게 되고, 내용의 핵심을 전하지 못한다. 그리고 원고를 그대로 읽게 된다.

2) 다르게 준비하기 위한 첫 번째 전제조건

청중의 마음을 사로잡기 위한 첫 번째 전제조건은 공통의 목표를 찾는 것이다. 정확한 목표설정을 한다. 그렇게 하기 위해서는 우선 다음의 네 가지를 통해 철저히 준비해야 한다.

① **청중 분석하기** | 화살을 과녁의 중심에 맞추려면 과녁에 초점을 정확히 보고 쏘듯이, 내가 소통하고자 하는 청중이 어떤 사람들인지를 분명하게 파악해야 한다.

② **자료 수집과 정리** | 자료를 수집하고 모을 때 가장 중요한 것은 내가 원하는 것이 아니라 상대방이 듣고 싶어 하는 내용이 무엇인지 알아야 한다.

③ **내용 구성하기** | 수집한 자료가 만족한지 부족한지 평가하는 단계이다. 시작 부분과 핵심 내용, 그리고 맺음말 등에 맞게 준비했는지 점검한다. 그래서 내용에 맞지 않는 것을 과감히 버려야 한다.

④ **내용 익히기** | 이 단계에서는 내용을 개요적으로 정리하는 것이다. 그래서 전체적인 전달 방법을 익힌다. 당연히 시작하는 말과 끝맺는 말, 그리고 핵심 내용을 익히는 시간이다.

3) 준비를 위한 말 한마디

만약 준비하지 않았다면 큰 기대를 해서는 안 된다. 청중이 먼저 준비되지 않았음을 느끼고 있을 것이다.

① 판에 박힌 반복적인 일이라고 하더라도 사전준비는 반드시 필요하다.

② 준비는 아무리 해도 지나치지 않다.

③ 준비를 위해서는 시간이 필요하다.

④ 준비한 자료를 꼼꼼히 평가하고 선별한다.

◀ 한 수가 더 깊은 인사 말씨 ▶

타인과의 첫 대면은 한마디 말과 함께 바로 상대에게 건네는 인사에서 비롯된다. 무엇보다도 평소에 상대의 호감을 사는 데 가장 좋은 방법의 하나가 바로 인사하기이다. 먼저 인사성이 바른 사람, 예의 바른 사람으로서 한 수 깊은 평가를 받고 시작하게 된다.

따라서 내가 먼저 웃으며 큰 소리로 인사하는 습관을 들이자.

최고의 서비스 언어는 바로 인사의 태도이다.

인사는 자신을 상대방에게 알리는 첫 번째 단계로, 상대방에 대한 호의와 존경심, 서비스 정신을 나타내는 마음가짐의 외적 표현이다. 그리고 인사는 궁극적으로 자신을 위한 것이다. 인사를 통해 신뢰감을 전달할 수 있고, 상대방의 마음을 열게 해 원만한 인간관계 형성의 토대가 된다. 특히 비즈니스 관계에서 정중하고 올바른 인사는 회사의 성실한 이미지를 심어주는 포인트가 된다. 아울러 인사는 상대의 인격을 존중하고 배려하며 경의를 표시하는 수단이다.

그리고 인사의 언어는 감사의 마음을 전하는 수단이다.

따라서 인사는 진심에서 우러나와야 즐겁고 행복하다. 그리고 편안하다.

형식에 치우친 인사는 부담스럽다.

인사의 표정은 웃는 얼굴로 다정하게 상대방의 눈빛을 바라보며 해야 한다.

이는 상대방의 존재를 인정해 주는 것이다.

인사 언어의 의의 4가지

- 마음의 표현이다.
- 인간관계가 시작되는 신호다.
- 마음의 문을 여는 열쇠다.
- 서비스의 근본이다.

◀ 긍정은 거장에 이르는 길이다 ▶

인생에 터닝 포인트가 될 말 한마디가 있다.

대체로 경기, 환경, 직원들의 능력에 탓을 돌리고 성토하기를 즐기는 CEO에게는 왠지 일이 꼬여 간다고 한다. 반면에 "덕분입니다."라고 입버릇처럼 말하며 새로운 도전을 꾀하는 사람에게는 불황에도 일이 술술 풀려간다고 한다.

말을 잘한다는 것은 입술로 나가는 말을 잘 제어하는 것을 의미한다.

또한 말을 잘 듣는다는 것이다. 말을 어떻게 받아들일 것인가도 참으로 말을 하는 것 못지않게 중요하다. 그래서 우연히 들은 말 한마디에서 생의 전환을 맞이하는 횡재도 있다.

실존주의 사상의 대표자 사르트르는 이렇게 말을 했다.

"나는 내가 말하는 것으로 존재한다."

엄청난 표현이다.

우리의 존재, 정체성, 행위 등이 우리 자신이 쓰는 언어에 의해 규정된다는 뜻이다. 또 독일의 실존주의 철학자 하이데거는 이렇게 말했다.

"언어는 존재의 집이다."

결국 말에는 '빈말'이 없다는 얘기이다.

말은 현재의 표현이다.

성공한 CEO들을 오랫동안 연구한 데일 카네기의 통계를 보면, 그들에게 없는 언어, 그들이 전혀 모르는 단어가 있는데, 바로 '없다', '잃었다', '한계가 있다.'였다고 한다.

이런 취지에서 오프라 윈프리는 자신의 경험을 통하여 깨달은 금쪽같은 지혜를 이렇게 전한다.

"당신이 원하거나 믿는 바를 말할 때마다, 이를 가장 먼저 듣는 이는 당신 자신이다. 스스로 한계를 두어서는 안 된다."

어느 조사에 따르면 16세 때까지 우리가 하루에 듣는 말 가운데 부정적인 언어가 평균 75%임에 비해, 긍정적인 단어는 고작 25%라고 한다.

이런 환경에서는 긍정적인 사고를 기대하는 것 자체가 무리이다. 그렇다면 오늘날 긍정적인 사고를 하는 것은 기적이라는 말이 된다.

긍정은 기적이다.

중요한 사실 하나 전한다. 각 분야 대가들의 대부분은 긍정적 사고와 언어의 대가라는 사실이다.

"이때까지 내가 본 공연 중 최고였어!"

"당신이 이번에 찍은 사진은 최고야!"

"내가 본 사람 중에 최고였어!"

◀ 이솝(aesop) 이야기 ▶

'이솝'은 '아이소포스(aisopos)'의 영어 발음이다.

기원전 6세기경 그리스의 우화작가 이솝은 사모스에서 철학자 쿠잔토스의 노예로 있었는데 지혜와 총명이 뛰어나 주인의 특별한 사랑을 받고 지냈다.

그런데 하루는 주인이 이솝에게 "이 세상에서 가장 훌륭한 고기를 음식으로 만들어 오라."고 말하였다.

얼마 후 이솝은 소의 혀로 만든 음식을 접시에 담아서 왔다. 그리고 이솝은 "혀로 만든 음식이 이 세상에서 가장 맛있고 훌륭한 음식입니다. 왜냐하면 이로써 우리는 남을 축복하고 행복을 말해주며 실망한 사람에겐 용기를 북돋아 주고 남을 격려해 줄 수 있기 때문입니다."라고 말하였다.

주인은 다시 이솝에게 그럼 이번에는 이 세상에서 가장 고약한 고
기로 음식을 만들어 오라고 하였다.

얼마 후에 이솝은 다시 소의 혀로 만든 음식을 접시에 담아 들어오
면서 주인에게 말했다.

"주인님, 이 세상에서 가장 나쁜 고기를 준비했습니다. 이로써 우리
는 남을 깎아내리기도 하고, 인간의 마음을 찢어놓기도 합니다. 또한
하루아침에 남의 명성을 땅에 떨어뜨리기도 하고, 서로 이간질을 하여
분쟁하고 싸우게도 합니다. 그러므로 이 혀는 가장 나쁜 고기입니다."

그러자 주인은 고개를 끄덕이며 이솝의 지혜로움을 칭찬하였다.

하나님께서 우리 인간들에게 많은 선물을 주셨지만, 언어만큼 위대
한 선물이 없을 것이다.

언어는 동물 세계에서는 찾아볼 수 없는 인간에게만 주어진 특권이
다. 그래서 하나님은 인간을 창조하실 때 입을 만들어 주셨고 의사소
통을 하도록 언어를 주셨다. 그러므로 말을 통하여서 인간관계를 맺
기도 하고 행복한 삶을 만들어 가기도 하는 것이다.

말 한마디로
마음을 얻는다

싸움, 분열, 갈라짐, 상처 등의 원인을 추정해보면 행동이 있기 전에 말이, 말이 있기 전에 감정이, 감정이 있기 전에 생각이, 그리고 생각이 있기 전에 관심이 있었다.

한비자는 "설득이 어렵다는 것은 지식이 부족해서 상대를 설득하기 어렵다는 것이 아니고, 말재주가 부족해서 자기 생각을 말하기 어렵다는 것도 아니며, 담대하지 못해 말을 다 해내기 어렵다는 것 또한 아니다. 남을 설득하는 일이 어렵다는 것은 설득하려는 상대의 마음을 알아 자신의 말을 얼마나 거기에 맞출 수 있는가에 달려 있기 때문이다."라고 했다.

즉 한마디로 상대의 눈높이에 맞추라는 것이다.

'열 길 물속은 알아도 한 길 사람 속은 모른다.'라는 말이 있다.

사람 간에 분쟁이 일어나는 이유는 모두 자기 관점에서 생각하고 자신의 이익만을 추구하기 때문이지만, 서로의 마음을 알지 못하는 데서 발생하기도 한다.

깊고 깊은 물속은 알면서 사람 속을 알 수 없다니 그 속은 대체 얼마나 깊다는 말일까?

사실 우리는 자신의 마음을 잘 모를 때도 많다. 그런데 어찌 보이지 않는 상대방의 마음조차 읽을 수 있겠는가! 다만 상대의 의중을 헤아리기 위해 노력하고, 자기 뜻이 왜곡되지 않도록 올바른 방법으로 전달하기 위해 노력해야 한다.

말의 능력은 저절로 얻어지는 것이 아니라 반드시 노력하고 훈련하여 얻어지는 것이다.

◀ 마음이 움직여야 입이 열린다 ▶

소통의 방식은 너무나도 다양해 이루 헤아릴 수가 없다.

이 책에서는 그것을 '말하기'로 국한했지만 사실 넓은 의미에서 소통이란 말 외에도 무척 다양하다. 그런데 '말하기'를 비롯해 모든 소통 방식에는 공통점이 있다. 내가 표현한 '1'이 어떤 이에게는 '2'로, 또 어떤 이에는 '10'으로 전달되기도 한다는 점이다. 그래서 우리는 소통을 하는 데 다양한 규칙을 정해놓지만, 언제나 그렇듯 완벽하지 않다. 그리하여 분쟁이 생겨 큰 곤욕을 치르기도 하고, 서로 오해를 하기도 한다.

우리의 뜻이 왜곡되는 이유는 소통 안에 '진심'이 빠져 있기 때문이다.

우리는 말을 할 때 거짓이나 위선의 말로 상대를 교란시키거나, 함정에 빠트려 상대를 당혹스럽게 만들기도 한다. 하지만 대화할 때 상대를 속이면 상대도 나를 속이게 되어 있다. 상대가 속는 것 같지만, 내가 모르는 사이에 상대도 나를 속이고 있을 것이다.

이는 오늘날 일반적인 대화의 모습이지만, 이는 진정한 대화라고 할 수 없다. 그렇다고 매사에 손해 보고 살라는 뜻은 아니다. 현명한 대화, 진심이 담긴 대화를 하라는 말이다. 그러기 위해서는 먼저 상대의 마음을 얻어야 한다.

현대그룹 정주영 회장이 1988년 서울올림픽 민간추진위원장을 맡았을 때 일이다.

당시 우리는 올림픽을 추진하기에 조금 늦은 상태였고, 대세는 이미 일본 쪽으로 넘어가 나고야에 유치되는 것이 거의 확실시되고 있었

다. 국외 여론은 물론 국내 책임자들까지 모두 부정적이었다.

추진위원장을 맡은 정주영은 이미 일본 쪽으로 마음을 굳힌 선진국의 IOC 위원들 대신 아프리카와 북한 쪽에 호소하기 시작했다.

유치 선정 날이 점점 다가오자 정주영은 더욱더 열심히 "개발도상국도 올림픽을 치를 수 있다.", "우리를 믿어 달라."고 하며 발로 직접 뛰어다녔다.

그때 정주영은 비장의 카드도 함께 뽑아들었다. 바로 '마음을 향한 호소'였다.

아름다운 꽃바구니를 만들어 매일 아침 하루도 빠짐없이 IOC 위원들에게 배달을 한 것이다.

당시 일본은 최고급 손목시계를 돌리고 있었고, 자신들의 승리를 확실시하며 한껏 느긋했다.

하지만 승리는 대한민국으로 돌아갔다. 물론 대한민국의 서울올림픽 유치가 정 회장의 노력으로만 이루어진 것은 아니었지만, 상대방의 마음을 움직여 자신의 목표인 올림픽 개최를 이룰 수 있었다.

상대의 마음을 얻기 위해서는 여러 가지 노력을 해야 하지만, 그것은 절대 불가능하거나 어려운 일도 아니다. 평소 사람을 대할 때 기본적으로 지켜야 할 매너이므로, 일상생활에서도 충분히 실천할 수 있다. 다음을 명심하자.

상대방의 말을 주의 깊게 경청하자.

내 기준에 맞추지 말고 상대방의 기준에 따르자.

상대방의 관점에서 말하자.

침묵과 리액션을 적절히 섞어서 반응하자.

상대방을 믿고 있다는 것을 표현하자.

하지만 때에 따라서는 다른 방법을 구사해야 할 때도 있다. 항상 좋은 말과 부드러운 말로 사람을 설득시킨다는 건 매우 어려운 일이다.

그렇다고 협박이나 욕을 하라는 말을 절대 아니다.

상대방의 마음을 얻기 위해서는 최선의 작전이 필요할 때도 있으며, 그 작전은 현명해야 한다. 예를 들어 겉으로는 비난처럼 들리지만, 결국 상대방을 칭찬하는 말이 있는데, 이는 상대방의 콧대를 세워줌과 동시에 좀 더 강력하게 어필도 할 수 있다.

애플의 최고경영자 스티브 잡스(Steve Jobs)는 회사가 어려움에 부닥쳤을 때 효율적인 마케팅 전략을 짜기 위해 고민하다가, 당시 펩시콜라 CEO였던 존 스컬리(John Scully)를 영입하기 위해 찾아간 적이 있었다.

하지만 그는 당시 뛰어난 광고 전략으로 코카콜라를 추월하는 데 큰 공을 세운 인물로 다른 회사로 옮길 이유가 전혀 없었다.

때문에 스티브 잡스의 집요한 설득과 거액의 연봉 제안에도 꿈쩍하지 않았다.

그런데 결국 스티브 잡스의 이 한마디가 그를 움직였다고 한다.

"당신은 설탕물이나 팔면서 여생을 허비하시겠습니까? 아니면 세상을 바꾸는 일에 자신을 던지시겠습니까?"

스티브 잡스의 이 한마디에는 분명 뾰족한 가시가 있었지만, '세상을 바꾸는 거대한 일'이라는 매력적인 설득의 카드가 함께였기에 좀처럼 움직이지 않을 것 같았던 존 스컬리를 영입하는 데 성공할 수 있었다.

말은 우리의 앞날을 암시한다.

말에는 놀라운 능력이 들어 있다. 그리고 말을 통해서 소극적인 사람도 적극적인 사람이 될 수 있다. 뿐만 아니라 말에는 치유의 능력이 있어서 쉽게 긴장하고 당황하는 성격도 고칠 수 있다. 내성적이고 대인공포증을 겪고 있는 사람도 얼마든지 바꿀 수 있다는 말이다.

인생에서 가장 중요한 열쇠가 말의 능력이며, 이로써 리더십을 발휘할 수 있다. 사람을 움직이게 하고 안 되는 일도 되게 하며, 충분히 가능했던 일도 파괴할 수 있는 것이 바로 말의 힘이다. 말의 열쇠를 누가 어떻게 사용하느냐에 달려 있다.

인간이 갖춘 능력 중 말처럼 중요한 도구는 없을 것이다. 그런데 많은 사람이 이 말의 능력을 소홀히 여기는 것이 문제다.

"뛰어난 상사 밑에 우수한 부하는 없다!"라는 말이 있다.

뛰어난 상사는 부하의 어설픈 행동을 보고 답답해하면서 "쓸모없다. 일을 잘 못 한다. 꼼꼼하지 못하다."라고 하며 질책하곤 한다. 그러면 부하는 부정적 암시를 받고 정말로 능력 없는 인재가 되어 버린다.

반대로 칭찬과 격려를 하면, 숨은 잠재적 능력이 발휘되어 몇 배의 좋은 업무 능력을 발휘할 수 있다.

오늘부터 "나는 할 수 있다."는 자기암시를 걸어보자.

암시의 위력은 강력하다.

모든 인간에게는 나름대로 '숨은 능력'이 내재되어 있다. 그리고 그 암시의 효력이 발휘되는 것은 말에서부터 시작된다.

지금 성공의 말이 되도록 암시로 시동을 걸어보자.

한마디 말의 효과

부주의한 말은 싸움을 붙인다.
잔인한 말은 인생을 망친다.
모진 말은 미움이 스며들게 한다.
난폭한 말은 상대를 찌르고 죽인다.
감사의 말은 장애를 제거한다.
즐거운 말은 하루를 밝게 한다.
때에 맞는 말은 고통을 줄여준다.
사랑의 말은 상처를 치유하고 축복을 준다.

_ 할 어반《긍정적인 말의 힘》 중에서

세상에서
가장 힘센 말

함께 사는 세상에서 가장 기본적인 것이 '인사'다.

남을 축하하거나 위로할 때 적재적소에 인사하는 일을 소홀히 하면 안 된다. 아무리 바쁘고 부득이한 사정이 생겼다 하더라도 이 점을 등한시하면 대인관계의 폭이 좁아지게 된다.

인사 한마디라도 성의를 다해야 하는 이유는 인사야말로 대화의 시작이기 때문이다.

로마의 시인 파 브리아스 시라스는 이렇게 말했다.

"우리는 우리에게 관심을 주는 사람에게 관심을 보낸다."

사람들은 변덕이 심하다. 따라서 사람들의 심리 동향을 잘 파악해서 그때그때 임기응변해야 성공할 수 있다.

최고의 웅변가는 청중에게 새로운 것을 주기보다는 청중의 마음을 읽는 것에 초점을 둔다.

세상에서 가장 절대적인 힘을 지닌 것이 바로 말이다.

자신이 원하는 대로 성공적인 커뮤니케이션을 이끌려면, 상대에게 효과적인 말을 제대로 구사할 수 있어야 한다. 말이란 대단히 위력적이어서 생각과 행동을 동시에 불러일으키고, 감정과 지력을 동시에 자극하므로 상대의 마음을 파고드는 압도적인 힘을 지니고 있다. 만약 상대가 자신의 말에 고개를 끄덕였다면, 쉽고 정확하고 효과적인 언어로 상대의 마음을 파고드는 말을 사용한 결과라고 할 수 있다.

〈알라딘과 요술램프〉에서 알라딘이 램프를 세 번 문지르면 지니가 튀어나와 늘 똑같은 말을 되풀이한다.

"주인님, 무엇이든 소원을 말씀해주십시오."

한번은 어떤 욕심 많은 사람이 길에서 요술램프를 주워 지니를 불렀다.

"주인님, 어떤 소원이든 말씀만 하십시오. 다 들어드리겠습니다. 그런데 세 가지만 말씀하셔야 합니다."

욕심 많은 사람은 돈도 갖고 싶고, 예쁜 여자도 만나고 싶고, 결혼도 하고 싶었다. 그래서 재빨리 "돈, 여자, 결혼"이라고 말했다.

지니는 즉시 '돈 여자와 결혼'을 하게 해주었다. 결국 머리가 돈 여자와 결혼을 하게 되었다는 웃지 못할 이야기다.

이 이야기는 우리의 말이 늘 실제보다 앞서서 상황을 좋거나 나쁘게 만든다는 것을 보여준다. 말의 위력을 보여주는 것이기도 하다.

말은 미래를 만든다. 그러니 행복해지고 싶다면 행복한 말을 하면 된다. 또한 누군가에게 사랑하는 마음을 표현하면 정말 사랑하는 마음이 생기게 된다.

좋은 말, 선한 말, 축복의 말, 감사의 말, 희망의 말, 응원의 말은 삶을 복되게 하고 풍성한 결실을 보게 한다. 이는 말이 지닌 성공의 원리이기도 하다.

기억하자.

우리의 말 한마디가 우리의 삶을 바꾸어간다는 사실을……

◀ 말의 위력 세 가지 ▶

푹푹 찌는 여름날이었다. 선풍기 하나 없는 한 대학교의 심리학 강의실에서 교수가 칠판에 다음 다섯 단어를 적으며 말했다.

북극—설원, 폭설—장갑, 스키장—백설, 아이스크림—팥빙수,
눈보라—마스크

"자, 이 중에서 한 쌍의 단어를 골라 짧은 문장을 하나씩 지어서 제출하세요."

더위에 지친 학생들은 얼렁뚱땅 끝내고 강의실에서 나오기 위해 저마다 문장을 생각하기 시작했다. 그런데 닭살이 돋을 만큼 시원해지는 것을 느꼈다고 한다.

학생들의 체온을 재보니 강의실에 들어서기 전 평균체온 섭씨 37.4도였던 것이 작문을 하면서부터 37.2도로 내려간 것이다.

추위와 관련된 작문을 한 학생들은 생각만으로도 체온을 0.2도나 떨어뜨릴 수 있었다.

필자가 여기서 강조하고 싶은 것은 바로 '말의 힘'이다.

말은 감정을 만들어낼 뿐 아니라, 행동을 만들어내기도 하며 환경을 제압하기도 한다. 그리고 삶의 결과가 나온다. 그럼 말의 위력 세 가지를 간단히 살펴보자.

첫째, 말은 긍정적인 사고의 위력이 있다

인간은 자신이 생각하고 깊은 사고로 그려낸 대로 물질을 만들어낸다. 그래서 "말은 인격이다."라는 말이 있다. 그러므로 생각이 밖으로 나온 결과가 바로 말이다.

저 높은 빌딩도 누군가의 깊은 사고와 땀으로 디자인된 결과의 산물이고, 길가에 있는 벤치 역시 마찬가지다. 그러므로 행복과 성공은 긍정적인 사고의 결과다.

　따라서 긍정적인 믿음으로 언제나 긍정, 행복, 가능성, 열정, 희망, 사랑을 품고 사고해야 한다.

　기적은 긍정적인 사고를 통해 일어나는 것이고, 행복은 자신이 행복하다고 생각할 때 성취되는 것이며, 성공은 믿고 실천할 때 이루어지는 것이다.

　둘째, 말에는 창조의 힘이 있다

　그것이 부정적이든 긍정적이든 입력된 사고는 곧 마음에서 잉태된다. 그리고 시간이 지나 혀를 통해 입에서 선포될 때 창조하는 놀라운 능력을 지니고 있다. 그러므로 창조의 말은 그대로 이루어지게 되어 있다.

　세상은 말로 인해 창조된 결과물이다.

　그러므로 얼마든지 아름다운 세상과 멋진 삶을 말로 디자인하여 창조할 수 있다. 사랑이나 행복 역시, 그 사람이 사고한 결과물이다.

같은 꽃을 놓고 다음과 같은 실험을 했다.

한 송이의 꽃에는 "예쁘다.", "향기롭다." 등 긍정의 말을 들려주고, 다른 꽃에는 "못생겼다.", "향기가 왜 이래?"처럼 부정적인 말을 하였다.

결과를 보니 긍정의 말을 들으며 자란 꽃은 아름다운 열매를 맺었지만, 부정의 말을 들은 꽃은 일찍 시들어버렸다.

이렇게 말에는 창조적 능력이 있다.

셋째, 말에는 치유의 힘이 있다

말에는 파동의 힘이 있어 믿음으로 선포한 대로 역사한다. 그래서 "나는 건강하다.", "다 나았다.", "아프지 않다."고 말하면 그대로 이루어지는 치유력을 가지고 있다.

좋은 말에는 마음을 치유해주는 파동이 나와서, 가령 환자에게 긍정적 치유의 말을 들려주면 그대로 낫게 된다는 것이다. 이미 임상시험도 성공하여 많은 치유활동이 이루어지고 있다.

우리가 믿고 말하는 것은 우리 몸에 영향을 미칠 뿐 아니라, 면역체계에도 영향을 준다. 즉 강한 믿음의 언어는 신체에 반응을 준다.

말은 우리의 몸에 건강의 언어가 된다. 그러므로 우리의 입에는 치유의 능력이 있음을 알아야 한다. 따라서 언제나 건강의 말을 선포해야 할 것이다.

인간의 몸속에는 스스로 병을 고칠 수 있는 능력이 내재되어 있다.

루이지애나 주 슈레브포트의 〈타임〉 지에 신경외과 의사가 다음과 같은 기사를 실었다. 기사의 제목은 "다발성 경화증을 제거하려면 몸을 향해 말하라."였다.

그 치료방법은 문자 그대로 자기 몸에 주문하듯이 믿음을 선포하는 것이다.

"혈압이 정상이 되었다!"

"암세포가 모두 사라졌다."

결국 그렇게 선포한 대로 작동되고 효과가 나타난다.

여러분도 믿음을 가지고 해보자. 더 나아진 몸의 상태를 느낄 것이다.

◀ 말로 인해 일어나는 수많은 일들 ▶

필자는 언어의 능력을 날마다 경험하며 살고 있다.

한마디 말이 사람을 살리기도 하고 죽이기도 하는 것을 수없이 보았다. 한마디 말이 사람을 치유하기도 하고, 치명적인 상처를 주는 것도 보았다. 또한 한마디 격려의 말은 쓰러진 사람을 일으킨다. 아울러 한마디 말로 앞길이 열릴 수도 있고, 열렸던 문이 닫힐 수도 있다.

말 한마디를 통해 사람을 얻을 수도 있고, 사람을 잃을 수도 있다.

말은 세상에서 가장 큰 위력을 지니고 있어 막강한 힘을 발휘한다.

이 세상에서 가장 무서운 것이 무엇일까? 주먹의 힘일까, 무시무시한 총칼일까. 그러나 그것들보다 더 무섭고 위력이 강한 것이 바로 말이다.

말로 인해 파괴와 분열, 시기와 분쟁이 일어나며 그런 갈등이 들어오는 통로가 바로 말이다. 그래서 말로 인해 사람이 죽기도 하고 살기도 한다.

분쟁과 싸움, 나눔과 분열, 이기심, 화, 염려, 근심, 스트레스, 질병, 파괴, 포기, 열등감, 깨짐 등 모두 다 말이 들어오는 통로를 열어주었기 때문이다.

앞에서 말한 바와 같이 말로 인해 우주가 창조되고 역사가 만들어졌다. 말로 인해 사상이 생겨나고 부자가 되기도 하며, 또 유명해지기도 한다. 그리고 말은 상처를 입히거나 반대로 치유하기도 한다.

말은 돈을 들여 뭔가를 사도록 만들기도 한다. 말로 사랑이 이루어지며 행복도 맛보게 한다. 그러므로 말은 강력한 힘을 발휘하는 무기와도 같다.

말이 우리의
미래를 바꾼다

우리 인생은 표현하는 능력에 의해 결정되고 평가받는다. 또한, 우리의 미래는 말의 표현 때문에 결정되고 입으로 내뱉은 말은 살아서 계속 움직이고 활동한다.

놀랍게도 말은 사람의 몸속으로 파고드는 힘을 가지고 있어서 사람을 건강하게 하고, 희망차게 하며, 행복을 느끼게 하고, 에너지를 갖게 하며, 상처를 치유하게 하고, 명랑하게 만들어준다. 혹은 의기소침하거나 우울하고 무기력하게 만들 수도 있고, 화나고 아프게 하여 마침내는 삶을 포기하게 하기도 한다.

말은 생생하게 살아서 움직이기 때문에 자기가 처한 환경에 그대로 적용된다.

많은 역사적 사실 뒤에는 말의 힘이 작용했다. 특히 전쟁과 싸움을 일으킨 요인을 보면 반드시 말이 그 갈등의 시초에 서 있었다.

말은 감정뿐만 아니라 행동을 만들어내고 그 행동으로부터 삶의 결과가 나온다. 반면 말을 잘함으로 유명해지거나 좋은 일이 생기기도 하는데, 특히 유창한 언변력을 지닌 사람들은 그들의 가치를 더욱 높게 하여주고 출세를 앞당겨주기도 한다.

◀ 말은 기적이다 ▶

우리는 말로 인해 부자가 되며, 말로 인해 사랑이 성사되고, 말로 인해 상처를 주고 충격을 받기도 한다. 더 나아가 말로 인해 도저히 돌아올 수 없는 분쟁과 다툼, 그리고 분열을 만든다. 물론 말로 인해 평가가 만들어지고, 상처를 치유하고 사람을 이끌기도 한다. 이처럼 말은 늘 우리 주변에서 강력한 힘을 발휘한다.

말은 표현하는 순간 능력으로 발휘되어 깨달음을 주며 에너지가 되어 파장을 일으킨다. 그리고 감화와 감동을 주어 새로운 창조를 만든다. 그뿐만 아니라 삶이 풍성해진다.

사라졌던 감정도 회복되며, 차가운 마음이 따뜻해지고 깨어진 관계가 회복된다. 더 발전해서 말의 표현에 따라 사람을 살리기도 하고, 죽이기도 한다. 쓰러진 사람을 일으키거나 새로운 관계를 창조하기도 한다.

말의 표현은 미래를 창조하는 능력도 있다.

말은 꼬인 것을 풀기도 하며, 더 놀라운 것은 안 되는 일도 되게 한다.

말을 통해 앞길이 막힐 수도 있고, 풀릴 수도 있다. 가족의 마음을 감동하게 할 수 있고, 아프게 할 수도 있다.

그리고 말은 새로운 사람과 참다운 가족이 되게도 하고, 완전히 갈라지게도 한다. 비즈니스 영역에서는 가장 중요한 성공의 열쇠가 되기도 한다. 그러므로 우리의 표현 가운데 가장 중요한 것이 '말'이라고 할 수 있다.

말 한마디로
인생의 터닝 포인트를 맞는다

 필자가 언어 연구를 통해 얻은 최종 결론은 희망, 열정, 긍정, 감사, 좋은 태도와 생각, 호기심, 칭찬, 웃음, 사랑, 행복, 꿈, 자신감 등이 개인의 삶에 큰 영향력을 발휘한다는 사실이다. 그리고 스트레스를 약화하고 몸 안에 좋은 호르몬을 분비시킨다는 것이다. 또한 열정적인 생활을 하게 한다.

 그러므로 하루하루 기쁨을 느끼며 살아가는 것, 그것이야말로 이 세상 최고의 예술 아닌가!

 '긍정의 힘'을 연구해온 한 사람으로서 얻은 것이 있다면, 긍정의 말이 우리 인생을 180도로 바꾸어놓는다는 사실이다. 긍정적인 말을 하면 하는 일마다 더욱 잘 풀린다. 이러한 사실은 필자의 인생 역시 바꾸어놓았다. 여러분도 이 책의 원리를 적용하여 삶을 바꿀 수 있다.

입에 말 센스를 부착하여 "감사합니다.", "행복합니다.", "고맙습니다." 하는 말이 절로 술술 나오게 해야 한다.

일상생활에서 우리가 직면하는 복잡 미묘한 관계를 효과적으로 해결해나가는 힘, 사람들과의 돈독한 관계를 이어주는 힘, 소극적인 성격을 적극적으로 변하게 하는 힘, 스트레스를 이기게 하는 힘, 좋은 관계를 이어가고 사람을 잘 움직이는 힘은 누구에게나 절실하게 필요한 것이다.

이는 성공의 비결이자, 곧 인격이기 때문이다.

이는 수많은 성공과 행복을 누리는 사람들이 차지하고 있는 무한 에너지다. 분명 좋은 말은 인생의 터닝 포인트를 맞게 될 것이고, 자기 입에서 위력적인 말로 시작되는 삶을 경험하게 해줄 것이다.

여기 기적의 힘이 있다. 지금부터 그 힘을 체험하는 기적의 주인공이 되어보자! 그리고 말 한마디의 능력을 경험할 수 있다.

필자의 어머니는 종종 이렇게 말씀해주셨다.

"내가 널 많이 자랑스럽게 생각한다."

"난 널 사랑한다."

어머니는 늘 사랑의 말을 잊지 않으셨다. 어쩌면 이 세상에서 이보다 더 위력적인 말은 없을 것이다. 그러나 우리는 얼마나 인색한가.

살면서 누군가를 칭찬하거나 사랑의 말을 건네지 않는다. 누구나 말의 능력을 갖추고 있음에도 불구하고 말이다.

달콤한 행복으로 이끄는 비밀은 바로 "고맙습니다.", "감사합니다.", "사랑합니다."라는 한마디 말이다.

놀라운 사실은 많은 사람이 이 지침과 교육을 통해서 인생이 달라졌다는 점이다. 투덜대기만 하며 불평분자였던 사람이 감사가 넘치는 사람으로 바뀌었으며, 인생의 목표를 다시 세우고 그것을 이루기 위해 노력하고 있다. 아울러 열정적으로 활동하면서 행복을 누리고 있다.

◀ 사람을 끌어당기는 말 ▶

긍정적인 말 한마디는 포기하려는 사람에게 힘을 준다.

사랑한다는 말 한마디는 차가운 가슴을 덥혀주고, 지친 어깨를 일으켜 세워 다시 살맛 나게 한다.

성공하는 사람들의 공통점은 말하는 습관에 있다. 그들은 하나같이 부정적인 말을 함부로 내뱉지 않는다. 결국 성공의 비결, 성패의 열쇠는 어떤 말을 입에 담느냐에 따라 달라진다.

우리도 스스로 잘 말함으로써 자신을 얼마든지 바꿀 수 있다.

말은 기적의 힘을 지니고 있다. 그래서 사람을 변화시키고, 상처를 주며, 심하면 죽이기도 하고 살리기도 한다. 그뿐만 아니라 사람을 끌어당겨 좋은 관계를 맺게 하고 성공케 하는 능력도 갖추고 있다.

관대하고 친절한 사람은 말에서부터 시작된다. 말로 '천 냥 빚을 갚는다.'고 하지 않는가.

한마디 말로 상대방의 기분을 부드럽고 기쁘게 해줄 수 있다. 또는 기분을 망치게 할 수도 있다.

따라서 별 대수롭지 않은 일이라 해도 상대방이 초면이든 구면이든 마음속에서 우러나오는 인사말을 건넨다면 우리는 그 사람이 예의 바르고 친절한 사람이라는 인상을 강하게 받는다.

같은 말이라도 '아' 다르고 '어' 다르므로 할 수만 있다면 사람들을 북돋아 주는 말을 선물하자.

가장 강력하고 위력적인 말은 누가 뭐래도 진심을 담아 상대방을 존중하고 인정하며 지지해주는 응원의 말이다. 다시 말해, 최고의 말은 바르고 예쁘며 상대를 인정해주는 자연스러운 말씨와 태도로 서로의 마음을 주고받는 사랑의 말이다.

말이란 사회적 관계 등 모든 분야에서 가장 중요한 관계 수단이기도 하다. 입으로 내뱉었다고 다 말이 아니다.

아무리 정중하게 아름다운 목소리로 이야기하거나 청산유수처럼 줄줄 말을 잘해도 그 내용에 진심이 없고 텅 비어 있다면, 상대방은 그것을 알아차리고 결국 멀리 할 것이다. 그러므로 사람을 끌어당기고 사람에게 호감을 주기 위해서는 무엇보다도 감정이 풍부하고 마음가짐이 긍정적이지 않으면 안 된다. 왜냐하면 말은 사람의 내면을 드러내기 때문이다.

　사람들과 교제할 때 무엇보다 중요한 것은 자연스러움과 순박함이 들어 있는 말씨다. 자신을 포장하거나 결점을 숨기고, 자신의 기분만을 전하려고 하는 것은 상대방을 이기려고 하거나 상대방을 경멸하는 것이므로 항상 조심해야 한다. 결국 수다스럽고 경박해지며 아니꼽게 보일 수도 있다. 그리고 도리어 자신의 결점이 드러나게 되는 결과를 낳는다.

　사람들은 보통 남의 말을 잘 듣기보다는 자기의 이야기를 더 하고 싶어 한다. 하지만 자신의 말은 짧게 하고 상대방의 말을 더 많이 들으려는 태도로 일관해야 한다. 그래서 서양 속담에 "좋은 화자이기보다는 좋은 청자가 되라."라는 말이 있다.

　우리는 톨스토이의 말을 기억해야 한다.

　"말의 사용법 여하에 따라 사람은 친밀해지기도 하고 소원이 이루어지기도 한다. 사랑이나 미움도, 그 대부분이 말에 의해 나타내는 것이므로 말의 사용은 충분히 신중을 기해야 한다."

사람이 제일 하고 싶은 말이 자기 자랑이지만, 가장 듣기 싫어하는 말 또한 상대방이 제 자랑만 늘어놓는 것이다.

내가 싫어하는 것은 남들도 싫어하기 마련이다.

대체로 상대방의 귀를 만족하게 하지 못하는 말은 듣는 이를 따분하게 만든다. 듣는 이가 자꾸만 하품하거나 눈살을 찌푸리고 있다면 빨리 말의 화두나 전달에 변화를 주는 것이 좋다. 지금 상대방으로부터 호의를 얻지 못하고 있다는 표시이기 때문이다. 또한 가식과 거짓의 말은 설득력을 갖지 못한다. 의례적이거나 형식적인 체면치레라면 상대방을 더더욱 기쁘게 할 수 없다.

◀ 사람을 성공으로 이끄는 말 ▶

말은 그 사람에게 잠재된 무한한 가능성을 발휘하게 한다. 따라서 무심코 내뱉은 말이 사람을 죽이기도 하지만 살리기도 한다는 사실을 기억해야 한다.

우리는 사람들과 관계를 맺기 위해 하루도 거르지 않고 말을 한다.

창조물 중에서 인간이 말할 수 있다는 것은 모든 특권 중에서도 가장 위대한 것이다.

지구에서 소통하는 모든 동물 중 유일하게 사람만이 생각을 표현하는 '언어'로 의사소통을 한다. 왜냐하면 사람만이 감정을 구체적으로 전달하고 전달받을 수 있기 때문이다. 그러므로 말을 잘하면 흥할 수 있다. 성공의 성패가 그 사람의 말에 달렸다고 해도 과언이 아니다. 우리 속담에 "말이 씨가 된다."는 말이 있지 않은가?

성경에도 "죽고 사는 것이 혀의 권세에 달렸나니"라는 말이 있다. 그러므로 항상 언제나 긍정적인 말, 희망적인 말을 하는 것이 성공 비결이며 축복의 원천이 될 수 있다.

클레오파트라가 로마의 영웅들을 사로잡았던 것은 그의 미모가 아니라 능수능란한 언변력 때문이었다고 한다. 그래서 역사가들은 지금까지도 클레오파트라의 혓바닥이 역사 전환의 변수였다고 말한다.

성공하는
대화의 기술

인간관계는 어떻게 이루어지는가? 바로 대화에서부터 시작된다.

대화가 없으면 인간관계는 급격히 단절된다. 가까웠던 사이도 서먹해지고 신뢰에 금이 가기 시작한다.

대화는 흐르는 물처럼 사람과 사람 사이에 흘러서 그 관계를 발전시키거나 유지한다. 대화가 막히거나 없어지면 흐르던 감정과 정보의 교류가 고여서 웅덩이로 남는다. 관계가 정체되는 것이다. 그리고 시간이 지나면 이 고인 물은 부패하기 시작해 썩는 냄새가 난다.

조직 내에서 대화가 원만하게 이루어지지 않으면 그 조직 역시 냄새가 난다. 그러므로 진솔한 대화를 통해 막힌 담을 헐고 고인 물을 흐르게 하며 썩은 물을 살릴 수 있는 유일한 방법이 '대화'다.

선한 말은 서로를 이해하는 데 큰 도움이 된다. 상대에게 위로가 되며, 위로의 말은 문제 해결의 중요한 열쇠가 된다.

◀ 대화의 목적을 분명히 하자 ▶

월리엄 J. 디엄은 그의 저서 《감동을 창조하는 인간관계》에서 말이 얼마나 무서운 영향력을 끼치는지에 대해 이야기했다.

몇 년 전 로스앤젤레스 근처에 있는 산페르난도에서 다섯 살 난 어린아이가 죽은 사건이 있었다.

어느 날 그 아이는 자기의 의붓아버지에게 "아빠, 저는 결코 아빠를 즐겁게 해드릴 수 없어요. 저는 결코 좋은 일을 할 수 없어요. 죽고 싶어요."라고 말한 적이 있었는데, 평소 좋지 못한 언어 습관을 갖고 있던 의붓아버지가 아이에게 "그럼 가서 죽어."라고 말한 것이다.

그 아이는 방으로 들어가서 문을 잠그고 침대에 올라서는 스스로 목을 매 자살을 했다고 한다.

이 사건이 지방 관료들의 시선을 끌었을 때에도 의붓아버지는 살인죄로 기소되지 않았다. 그가 아이를 직접 죽인 것이 아니기 때문이다.

그러나 그는 말로 아이를 죽였다. 잘못된 언어 습관이 어린아이의 생명을 빼앗아간 것이다.

이렇듯 좋은 말은 사람을 살리는 반면 나쁜 말은 사람을 죽일 수도 있다.

대화에서 가장 중요한 것은 언어다. 대화는 언어를 통해 이루어진다.

그런데 우리가 알아야 할 것은 언어가 단순히 사용하는 말만을 의미하지 않는다는 점이다.

우리는 눈빛, 표정, 몸짓, 분위기 등을 모두 사용해 대화한다. 그러므로 친절이나 선물, 접촉이나 봉사도 언어가 될 수 있다.

우리는 다양한 언어로 다양한 사람들과 대화한다.

대화하기 위해 화를 내기도 하고 이상한 행동을 하기도 한다. 때로 눈물을 흘리기도 하고 웃기도 하며 심지어 미친 짓을 하기도 한다. 대화를 잘하기 위해 옷의 색상을 선택하기도 하며, 모자를 쓰기도 한다. 혹은 침묵이나 기도를 통해서도 대화하고, 묵상한 것을 나눔으로 대화한다. 자신이 좋아하는 음악이나 미술 작품을 통해 대화하기도 한다.

이 모든 것들을 통해 우리는 대화를 한다. 물론 우리가 가장 많이 사용하는 대화의 도구는 말로 하는 언어고 문자로 된 언어다.

그런데 여기서 가장 중요한 것은 구체화한 언어여야 한다는 점이다. 대화를 위해 우리가 사용하는 여러 가지 언어의 수단이 다 잊혀도 구체화한 언어는 우리의 뇌리와 가슴에 오래오래 남게 된다.

우리가 배우고 익히고 사용하는 언어는 대화를 위한 수단이다. 언어 자체는 도구에 불과한 것이다.

우리가 사용하는 언어는 마치 배와 같다.

배는 승객을 태우고 강을 건너 목적지에 도착해 승객이 내리면 다시 건너편으로 돌아간다. 언어도 마찬가지다. 언어의 목적은 대화에 있으며 그것을 이룬 다음에는 사라지게 된다.

대화의 목적은 좋은 인간관계를 맺는 데 있다.

우리는 만나는 사람들과 날마다 수많은 대화를 나눈다. 그때마다 가슴에 새겨야 할 사실은 대화의 목적이다. 대화할 때마다 관계를 맺는 것에 초점을 두어야 한다. 관계를 맺는다는 것은 서로의 존재가치를 높여주는 것이다.

어떤 이들은 대화할 때 상대를 이기려고만 한다. 그러나 그것은 참으로 위험한 행동이다. 대화의 목적은 서로를 연결하는 다리를 놓는 것인데, 이기려고 하면 상대와 나 사이에 놓인 벽만 높아진다.

대화할 때 가장 지혜로운 길은 유익을 생각하지 말고 서로의 관계를 형성하는 데 초점을 맞추는 것이다.

대화의 능력이 전문적인 기술만큼 중요한 시대에서는 성공과 인간관계, 삶의 질에 이르기까지 거의 모든 것이 말에 달려 있다.

현대인들의 덕목 중에 대화의 능력은 어떤 능력보다 중요한 부분을 차지한다. 목적을 달성시키는 유일한 도구가 말이다. 다음 페이지의 자가진단을 통해 자신의 대화 능력을 점검해보자.

자가 진단하기

- **나의 대화 장점은 무엇인가?**

  정열적이고, 주안점에 맞춰서 분명하게 말한다.

  잘 들어주고, 통찰력이 있다.

  　나 :

- **다른 사람들이 나와 대화할 때, 고쳤으면 하는 버릇**
  은 무엇인가?

  목소리가 너무 작고, 다른 사람의 말을 끊으며, 자기

  주관이 너무 강하다.

  냉담하고, 내숭을 떨며, 모든 것을 분석하려 한다.

  　나 :

- **말끝을 흐린다**

  말을 크게 하다가 끝에 가서 흐리는 경우다.

  예를 들어, 있어~요.

  　나 :

- **말의 시작, 중간에 불필요한 군소리를 넣는다**

  생각하면서 말을 함으로 다양한 군더더기 소리를 낸다.

"어, 그러니까, 글쎄, 에, 응, 저~, 말이야!"

나 :

• 같은 말을 중얼중얼한다. 또한 말하는 중간에 이상
  한 음이나 헛기침을 한다

  혼자 중얼중얼한다.

  침이 많이 튀어나온다.

  나 :

• 말에 아무런 강약 고저의 변화가 없다

  빠른 말투로 인하여 단어들이 붙어 나온다.

  같은 톤으로 말을 밋밋하게 쭉 이끌어간다.

  나 :

• 표현에 아무런 표정이 없다

  전혀 몸동작의 효과를 주지 않는다.

  첫인상뿐만 아니라 그 어떤 표정관리 능력도 없다.

  나 :

• 떨림증, 공포증, 불안증 등으로 목소리가 단조롭고
  작다

아주 작은 목소리로 말을 한다.

목소리에 자신감, 생동감, 열정이 없다.

나 :

• **자신감의 결핍으로 인한 외적인 문제를 갖고 있다**

얼굴이 갑자기 붉어져 버린다.

어디로 눈을 두어야 할지를 모른다.

다리가 떨리고 말더듬 현상이 나타난다.

땀을 흘린다.

나 :

• **원고가 없으면 전혀 말을 못 한다**

반드시 메모한 원고가 있어야만 말을 한다.

원고 없이는 단 한 마디의 말도 못 한다.

나 :

마음을 잘 가꾸면
말을 잘한다

대화의 법칙을 적용하기 위해서는 대화의 중요성을 절실하게 깨달아야 한다.

다음 대화의 법칙을 통해 진정한 말꾼으로 거듭나기 바란다.

첫째, 대화는 서로를 표현하는 수단이다

우리는 상대방에게 자신을 알려야 할 때가 있다. 자신이 누구인지 표현하지 못하면 상대방은 도저히 알 수가 없다.

사람들은 자기 생각을 굳이 표현하지 않아도 상대방이 알아줄 거라는 착각을 한다. 그러다가 기대에 어긋나면 섭섭해하고 분노한다. 이와 같은 오해를 사전에 막으려면 대화를 통해 상대방과 자신의 감정과 내면의 깊은 생각까지도 나눌 수 있어야 한다.

그런데 우리가 나누는 대화는 아주 낮은 차원에 머물고 있을 때가 많다. 다른 사람들에 관해 이야기를 하는 것까지는 좋은데, 그런 경우 칭찬보다는 험담이나 비판의 말이 오갈 때가 더 많다. 그러나 내가 내뱉은 험담은 반드시 나에게 돌아오게 되어 있다.

대화는 서로의 의견을 나누는 것이고, 그 다음이 서로의 감정을 나누는 것이다. 이는 가장 차원 높은 대화로 서로가 경험하고 있는 것을 나누어 자기 내면의 깊은 곳에 있는 언어를 끄집어내는 것이다.

둘째, 대화는 서로의 기쁨과 슬픔을 나눌 수 있다

커뮤니케이션이라는 말의 본래 뜻은 '짐을 나누다.'라는 뜻이다.

대화를 통해 서로의 짐을 나누면 몸과 마음이 가벼워진다. 대화중에 서로가 이해되고 엉클어진 문제가 풀린다.

인생 대부분의 문제는 잘못된 관점에서 비롯된다. 어떤 사건에 대해 잘못된 관점, 해석, 반응이 문제 자체보다 더 큰 문제를 일으킨다. 그런데 대화를 나누다 보면 문제를 보는 시각이 객관화된다.

대화는 짐만 나누는 것이 아니라 서로의 기쁨을 나누는 시간이다.

대화를 잘하면 짐이 절감되고 기쁨은 배가 되는 것을 경험할 수 있다.

우리는 스스로 경험하는 행복보다 우리의 행복에 동참해주는 사람이 있을 때 더 행복해진다.

셋째, 대화를 통해 인격 치유를 경험한다

우리는 대화를 통해 자신의 존재가치를 발견할 수 있다. 누군가 자신의 말을 경청하면 스스로 자신이 얼마나 소중한 존재인지를 발견하게 된다. 잃어버린 자아를 발견하게 되고, 자신의 정체성을 찾게 된다.

우리는 말을 잘하는 사람을 좋아하지만, 조용히 경청하는 사람을 더 좋아한다.

사람들이 나누는 대화를 가만히 들어보면, 사람마다 굳어진 습관이 있고 그 습관이 인간관계를 좌우한다.

좋은 관계를 맺으려면 부디 대화의 법칙을 익혀 행복하고 풍성하며 형통하는 삶을 살길 바란다.

◀ 끊임없이 자신과 대화하라 ▶

우리는 마음에 가득 찬 것을 입으로 말하고 싶어 한다. 그러므로 대화의 법칙을 터득하기 위해서는 우선 마음을 잘 가꾸어야 한다. 마음을 잘 가꾼다는 것은 마음에 심는 언어의 씨앗을 잘 가꾼다는 뜻이다. 마음에 심은 언어가 우리의 믿음, 감정, 태도, 말을 결정하기 때문이다.

잠을 자는 시간을 제외하고 우리는 계속해서 자신과 대화를 나누고 있다. 그리고 자신과 나누는 대화의 언어, 관점, 태도가 이웃과 나누는

대화에 결정적인 영향을 미친다. 자신과의 대화는 어떤 사람, 어떤 사건, 어떤 문제를 만날 때 그것을 어떻게 해석하고 반응하느냐에 따라 결정된다.

필자는 한때 '자신과의 대화'를 주의 깊게 관찰해본 적이 있다. 그런데 놀라운 사실은 나 자신에게 사용하고 있는 언어들이 너무 부정적이고, 비판적이었다는 점이다. 자신을 이해하고 보듬어주기보다는 나도 모르게 정죄하고 심판하고, 비난하고 있었다. 모든 것이 잘 안 되는 쪽으로 생각했다.

알고 보니 가장 무서운 적은 바로 자신이었다.

잘못된 대화 습관을 깨달은 후부터 필자는 자신과의 대화 내용을 변화시키기 시작했다. 긍정적, 적극적, 생산적인 언어로 무슨 일을 만나든지 할 수 있다고 자신을 격려하기 시작했다.

자신과의 긍정적 대화 훈련은 다른 사람과의 대화를 더욱 원만하게 이끄는 데 큰 도움이 된다.

◀ 상대방의 마음을 움직여라 ▶

특히 윗사람과 대화를 잘하는 사람은 다른 사람의 마음을 잘 움직일 수 있다.

사람들과 대화하는 것은 사람들과의 관계를 더욱 깊게 하고 사람의 마음을 움직이기 위해서이다.

마음에 드는 상대를 만나 그의 마음을 감동하게 하는 것은 사귐을 앞둔 사람에게 너무나 중요한 일일 것이다.

또 우리가 대화하는 이유는 사람을 만나서 관계를 개선하기 위해서이고 깨진 관계, 갈등 중에 있는 관계를 개선하기 위한 것이다.

특별한 사람에게 무언가를 얻기 위해서 대화하기도 한다. 도움을 요청하거나 일자리를 얻기 위해서도 대화를 한다.

그런데 우리가 직면하는 문제는 사람의 마음을 움직이기가 쉽지 않다는 데 있다. 이때 대화기법을 잘 나누면 얼마든지 사람의 마음을 움직일 수 있다.

인간은 이 세상에서 혼자서는 살 수 없고 더불어 살아야 한다. 더불어 산다는 것은 대화하며 산다는 것이므로 자기 자신과의 대화에 주의하고, 윗사람과의 대화나 이웃과의 대화에 주의를 기울여야 한다.

따뜻한 대화의 법칙

- 대화의 목적은 이기는 것이 아니라 관계를 유지하기 위한 것이다.
- 가장 중요한 대화의 법칙은 '진실'이다.
- 마음 깊이 상대방을 존중한다.
- 경청을 통해 상대방을 이해한다.
- 평소에 인간관계의 밭을 가꾼다.
- 마음에 감동을 주는 언어들을 배운다.
- 경우에 합당한 말, 때에 적당한 말을 사용한다.

말발을 키우는 능력

머리에 든 지식은 별로 없는데 그것을 부풀려 실제로 알고 있는 것보다 더 말을 잘하는 사람이 있는가 하면, 지식과 경험이 풍부한데도 입만 열면 바보가 되는 사람도 있다.

이처럼 실제 가지고 있는 지식과 말하기가 늘 비례하는 것만은 아니다.

아는 것이 많은 사람은 억울할지 모르지만, 어쨌든 그들은 평소 말하기를 연습하지 않았거나 상대의 마음을 잘 모르기 때문에 '바보' 소리를 듣는 것이다. 학생들을 가르치는 교사의 경우만 봐도 알 수 있다.

명문대를 나온 교사와 일반대를 나온 교사 중에 명문대를 나온 교사가 더 잘 가르칠 것 같지만, 아닐 때가 더 많다.

남을 가르치는 것은 전달력의 문제이기 때문이다.

말을 할 때 가장 중요한 것이 상대의 마음을 읽는 것이라면 그 다음 중요한 것이 바로 전달력이다.

전달력을 높이기 위해서는 다음을 명심해야 한다.

첫째, 군살 없는 문장을 내세운 탄탄한 원고가 뒷받침되어야 한다

하지만 원고를 준비했다고 해서 그것만 계속 보고 읽으면 전달력이 떨어진다. 그러니 미리 숙지하는 것이 기본 중의 기본이다.

둘째, 표현력이 좋아야 한다

같은 의미를 가진 문장이라도 어떻게 포장을 하느냐에 따라 그 색깔이 완전히 달라진다. 표현력을 높이기 위해서는 남들이 다 쓰는 구태의연한 말보다는 새롭고 신선한 얘기로 관중을 압도하는 것이 좋다. 비유나 상징을 적절하게 써서 사람들에게 생각 거리를 제공하는 것이 좋은데, 이때 지나치게 비약적인 비유는 눈살을 찌푸리게 할 수도 있으니 정도를 지켜야 한다.

셋째, 논리적이어야 한다

글은 의도와 맞지 않으면 다시 쓰고, 퇴고를 거쳐 완성할 수 있지만, 말은 일회성이라는 성격 때문에 철저하게 준비하지 않으면 어느새 맥을 잃어버려 자신이 무슨 이야기를 하고 있는지 모를 때가 많다.

입에서 한 번 내뱉은 말은 다시 주워 담을 수도 없고, 한 번 흐트러진 논리성을 다시 잡기가 어렵다. 따라서 논리성은 원고나 준비단계에서 밑그림을 확실히 그려야 한다.

넷째, 핵심을 잡고 말한다

사람들은 내가 하는 말을 모두 기억하지 못한다. 처지를 바꿔보면, 우리도 핵심이 없는 연설을 듣고 나면 그 사람이 무슨 말을 했는지 모를 때가 많다. 따라서 말을 할 때는 한두 개 정도 키포인트를 잡고 말해야 한다. 그렇게 되면 논리력이 흐트러지는 문제도 함께 해결할 수 있다.

◀ 하루 30분 투자로 말발을 키워라 ▶

사람들 앞에서 내 생각을 잘 전달하려면 훈련과 연습을 통해서만 가능하다.

유독 긴장을 많이 하는 사람은 사람들 앞에 서본 경험이나 진지하게 대화를 해본 경험이 별로 없기 때문이다.

이를 극복하기 위한 가장 기본적인 방법이 '철저한 준비'다. 예를 들어 방송배우나 연극배우들은 무대에 서기 전에 철저하게 준비한다. 심지어는 생방송도 리허설을 통해서만 가능하다.

배우는 수많은 리허설을 거쳐야만 최고의 무대에 설 수 있다. 최고의 프로선수도 오직 부단한 훈련으로만 분야의 최고가 될 수 있다. 유창한 웅변가도 연습에 의해서만 이루어진다는 것을 잊어서는 안 된다.

꾸준한 훈련은 자신감을 키워주기 때문에 긴장감도 훨씬 줄여준다.

하루 30분, 전달력을 키우기 위해 노력해보자. 누구나 훌륭한 스피커가 될 수 있다. 다음의 지침들을 통해 말발을 갖춘 스피커로 만들어보자.

항상 메모하자

책을 읽다가 발표에 이용할 수 있는 좋은 소재가 나오거나, 강좌나 세미나를 듣다가 좋은 구절이 나오면 무조건 메모한다. 자신의 경험이나 일상생활에서 순간적으로 떠오른 생각을 메모해도 말하기의 좋은 소재가 된다.

발음을 분명히 하고 확신 있게 말하자

말끝을 흐리거나 '~같다.', '~좋겠다.', '그렇게 생각하는데~'처럼 자신 없는 표현을 쓰면 듣는 사람 처지에서 믿음이 안 간다. 자신 있는 목소리로 씩씩하게 말하자.

분명하고 구체적으로 말하자

분명하고 구체적으로 말하기 위해서는 평소에 독서나 학습을 통해 배경지식을 넓히는 것이 좋다. 사람들은 우리가 정말 알고 있는지 넘겨짚고 말하는지 눈치를 챈다. 절대로 단조롭고 밋밋한 톤으로 말해서는 안 된다.

말을 할 때 리듬을 타자

무미건조한 음성보다는 노래하듯 리듬을 타는 것이 상대방의 주의력을 키우는 데 효과적이다.

어떤 순간에도 미소를 잃어서는 안 된다

웃는 사람에게 나쁜 인상을 받는 사람은 거의 없다. 자기의 매력과 능력을 충분히 보여주기 위해서라도 평소에 거울을 보며 꾸준히 웃는 연습을 하자. 미소는 언어다.

맞장구를 치자

좋은 대화는 경청을 통해 맞장구를 쳐주는 것이다. 맞장구의 기본은 상대방의 말을 반복하는 것이다. 단순히 상대방의 말을 감탄하는 것에 그치지 말고, 상대의 마지막 말을 반복하는 것이 더 효과적이다.

"와~.", "정말.", "대단한데~.", "안됐다.", "어쩜.", "잘했다."

질문하자

별다른 화젯거리가 없이 질문만 잘해도 대화를 풍요롭게 이어갈 수가 있다. 그러므로 질문을 던지기만 해도 대화는 술술 풀릴 것이다. 질문은 듣는 사람을 참여시키는 언어이기 때문이다.

듣기의
고수가 되어라

사람들의 수다와 대화에는 무궁무진한 가치와 기회가 숨어 있다.

만약 듣기의 고수가 된다면 업무의 성과는 물론이고 말하는 실력도 올라가 좋은 리더가 될 것이다.

다른 사람의 이야기를 잘 듣는다는 것은 매우 어려운 기술이다.

때로는 듣는 역할이어야 할 자신이 어느 사이엔가 경청하기보다 오히려 말을 더 많이 하는 경우가 있다.

다른 사람의 말에 귀 기울여 들을 때 좋은 점은 그 사람이 가진 정보나 본받을 점을 알게 되어 공유할 수 있다는 점이다.

사람들의 대화에 귀를 기울이면 생각을 키우는 데 많은 도움을 준다. 생각의 폭이 넓으면 그만큼 말도 잘하게 된다.

사소한 말 한마디에도 집중해보자. 가령 전철 안에서 큰 소리로 이야기하는 사람들을 자주 볼 수 있는데 대부분의 경우 시끄러워서 귀를 막을 만한 이야기지만, 뜻밖에 재미있는 이야기들도 많다.

잡담과 수다 속에서 유익하고 기가 막힌 어휘력을 찾을 수 있고 참신한 소재들이 발견되기도 한다. 좋은 이야기의 힌트를 얻기 위해 다른 사람과 이야기하는 것을 중요하게 여기는 사람들은 분명 말을 잘하게 되어 있다.

◀ 말하기 실력을 키우는 법 ▶

필자는 이야기의 소재를 사람들의 잡담이나 수다 속에서 얻는 경우가 많다. 그러므로 항상 사람들의 이야기에 귀를 기울이며 주의한다.

귀 기울여 듣는 일은 생각의 폭을 넓혀주고 '말 실력'을 높이기 위한 좋은 공부법이다. 현장에서 얻는 말은 특히 영향력이 있다. 유행하는 단어나 억양, 뉘앙스까지 현장에서 얻어야 실제로 사용할 때 엄청난 효과가 나타난다.

말을 통해 업무상 성과를 올리는 데 필요한 것은 뜻밖에도 우리 가까이에 있다. 조금만 눈을 돌리고 귀를 쫑긋 세워보자. 그렇게만 해도 자신의 말투가 조금씩 달라짐을 느낄 것이다. 아주 사소한 차이가 커다란 성과로 이어진다.

말 잘하는 사람은 살아 있는 말을 사용할 줄 알고, 그 속에는 진심이 담겨 있다.

말을 잘하는 사람보다 말을 잘 듣는 사람이 더욱 사랑받는다. 성숙한 인간관계를 유지하기 위해서는 말을 잘하기보다 듣는 것을 잘해야 한다. 말은 말하기와 듣기를 조절하며 완성되기 때문이다.

경청은 단순히 듣기만 하는 것이 아니라 듣기를 자원하는 태도다. 적극적으로 듣기를 갈망하고 나아가 듣기 위해 온몸을 다 사용하는 것이다.

집중해서 듣기 위해서는 굉장한 에너지가 소모된다. 그리고 그 대가는 대화하는 상대방과 좋은 관계로 남게 된다.

누군가의 말을 경청하는 것은 그 사람에게 관심 있음을 표현하는 것이다. 관심도 사랑의 표현이라 깊은 사랑은 집중된 관심을 통해 나타난다. 결국 상대방의 말을 집중해서 듣는 것은 그 사람을 사랑하고 있다는 증거다.

사람들이 자신의 말을 경청해주는 사람을 좋아하는 이유는 그를 통해 자신의 존재가치를 발견하기 때문이다.

가끔 필자의 강의를 들으며 열심히 받아 적는 사람들이 있다. 그때 필자는 자신이 하는 말의 무게를 느끼게 된다. 그리고 그 순간 소중한 것들을 나누기 시작한다.

그렇다면 듣기의 고수가 되려면 어떻게 해야 할까?

일상생활 속에서 잡담을 엿들어야 한다. 그리고 다른 사람의 감정과 체험을 공유하는 것이다. 아울러 타인이 된 듯 이것저것 상상해보자. 생생한 말과 소재가 뜻밖에 가까이 있음을 발견하게 될 것이다.

인간은 모두 다 존경받으며 인정받고 싶어 한다. 특히 자신이 하는 일이나 위치를 인정받고 싶어 하는 욕구가 강하다.

우리는 누군가 나의 말을 경청해주면 존경받고 있음을 느끼게 된다.

인간관계의 가장 큰 장애물은 선입견을 품고 사람을 대하는 것이다. 상대방의 말을 들어보지도 않고 함부로 판단하고, 쉽게 오해하는 것이다.

오해와 이해는 언제나 작은 차이에서 온다. 오해와 이해의 차이를 줄이는 길은 상대방의 말을 진지하게 경청하는 것이다. 잘 들으면 상대방의 언어를 이해할 수 있다.

언어 속에 담긴 그 숨겨진 의미를 이해하기 위해 노력해보자. 언어 속에 담긴 상대방의 마음을 읽을 수 있을 것이다.

상대방의 마음을 읽는 경청법

- **대화를 하며 마음을 치유하자**

  인생에서 가장 소중히 여겨야 하는 것이 만남과 대화다. 좋은 만남을 통해 우리는 자신을 열고 대화를 시작한다. 자기 안에 있는 진실을 털어놓는 순간 우리는 비로소 자기 안에 있는 놀라운 가능성에 눈 뜨게 될 것이다.

- **감정 이입하며 듣자**

말 그대로 상대방의 감정을 있는 그대로 자기 속에 받아들여야 한다. 이는 상대방의 감정을 이해할 때에만 가능하다.

- **상대방과 마음을 주고받아야 한다**

경청한 후에 상대방의 느낌이 어떠했는지, 어떻게 도움이 되었는지를 질문해보자.

- **경청훈련을 해야 한다**

처음부터 경청을 잘하기란 쉬운 일이 아니다. 상대방의 말뿐만 아니라, 마음의 문을 열고 사람 자체에 다가가는 훈련을 해보자.

긍정적인 말로 표현하면 우리의 삶도 풍요로워진다. 창조적인 생각을 하면 새로운 일을 만날 수 있다. 생각을 제한하지 말고 크게 키우면 표현력이 좋아지고 우리가 바라는 꿈도 이룰 수 있다.

표현 소통

생각한 것을 표현하라

표현을 잘하는 사람이 성공한다

말에는 반응의 힘이 있다.

그래서 말을 하면 우리 인체는 곧장 반응한다. 어떤 것이든 하는 말에 따라 인체가 다르게 반응한다. 그리하여 의도적으로 "나는 행복해."라고 말을 하면 몸에 유익을 주는 행복 호르몬이 분비된다고 한다. 즉 말로 나의 감정을 제어할 수 있다는 놀라운 발견이다.

"아, 기분 좋다!", "나는 건강하다!", "난 예쁘다!"라고 여러 번 반복해서 말해보자. 그대로 기분이 전환되는 것을 경험할 수 있다.

반면, "아이 죽겠다.", "안 된다.", "못 하겠다."고 말하면 자신의 인생이 그 말을 따라가게 될 것이다.

말은 입안에 있을 때만 우리 힘으로 지배할 수 있다.

말이 밖으로 나오면 말이 자신을 지배하게 된다. 따라서 행복해지고 싶다면 행복한 말을 해야 한다. 마음으로만 긍정하지 말고 표현해야 한다.

말에는 힘이 있고 그것은 새로운 것을 창조케 하는 힘이다.

사랑하는 마음을 표현해야 정말 사랑하는 마음이 생기듯이 좋은 말, 선한 말, 축복의 말, 감사의 말, 복을 빌어주는 말들은 삶을 복되게 하고 풍성한 열매를 맺게 한다.

◀ 하루아침에 뚝딱 만들어지는 상품은 없다 ▶

아리스토텔레스는 "자신이 무엇을 말해야 할지 아는 것만으로는 충분치 않다. 그것을 어떻게 말해야 할지를 또한 알아야만 한다."라고 말했다.

창조적인 생각을 하면 창조적인 일이 일어나고, 긍정적인 생각을 하면 긍정적인 역사가 일어난다. 그러므로 "모든 만물은 두 번 창조된다(Everything create twice)!"라는 말은 맞는 것이다.

한 번은 정신적인 창조, 즉 '마음의 창조(Mental creation)'이고, 두 번째는 물질적인 창조, 즉 '물리적인 창조(Physical creation)'이다.

인간에게 창조란 생각에서부터 시작된다.

저기 보이는 건물, 늘 다니는 동네 슈퍼, 우리 학교, 좋은 쉼터는 갑자기 생겨난 것이 아니라 누군가의 생각을 통해서 창조된 결과물이다.

다양한 교육과정, 기업과 좋은 상품은 하루아침에 '뚝딱' 만들어진 것이 아니라 생각에서 출발한 창조의 결과다. 즉 생각의 창조가 눈에 보이는 물질적인 창조로 만들어진 것이다.

그래서 더 깊이 생각해야 한다.

자신의 그릇이 크면 크게 채워진다. 따라서 생각을 키워야 말하는 대로 창조될 수 있다.

불황과 실패에서도, 그리고 고난 중에도 그 환경을 당당히 극복하는 표현의 능력을 발휘하며 현재를 살아야 한다.

자신의 적성과 기호를 좇아 무엇을 하고 싶다면 이를 잘 표현하고 당당히 선포할 때 꿈은 비로소 구체적인 계획을 넘어 실행단계로 들어가게 된다. 그리고 자신의 꿈, 구체적인 비전과 목표를 말이나 글로 표현하면 꿈의 성취를 위한 씨앗을 뿌리게 된다.

말로 자신의 꿈이나 비전을 타인에게 알리거나 표현하면 스스로 할 수 있다는 자긍심도 함께 얻을 수 있다. 또한 말 한마디는 우리의 사고 방식을 통제하고 감정에 크게 영향을 끼친다. 그리고 그 사고방식이 행동하는 방식에도 영향을 준다.

만약 상대방이 "화가 났다.", "성이 났다.", "끝장난 기분이다.", "약이 오른다."고 말한다면 여러분은 어떤 감정을 갖게 될까? 어쩌면 혈압이 천정부지로 높아질지도 모른다.

이처럼 단어 하나가 우리의 기분을 달라지게 하는 위력을 지니고 있다. 그래서 사람들이 위대한 언변가의 말에 감동을 하고 그의 말대로 행동하기 위해 노력하는 것이다.

말은 우리가 느끼는 감정을 바꾸어놓는다. 하지만 말이 순간순간 우리가 느끼고 생각하는 방식에 지대한 영향을 끼치고 있음에도 불구하고 다른 사람과 의사소통을 할 때 자신이 사용하는 말에 대해 의식하는 사람은 별로 없다.

우리는 행복한 감정을 묘사하는 표현을 단순히 바꾸는 것만으로도 행복한 감정을 배가시킬 수 있다.

새로운 종류의 어휘를 사용하는 것만으로도 우리의 기운을 북돋아 줄 것이다. 아니, 최고의 기분으로 바꾸어줄 것이고, 분명 그 근사한 표현들이 새로운 살맛나는 삶으로 바꾸어줄 것이다.

다음의 단어를 사용하면서 그 기분을 만끽해보자.

◀ 기분을 북돋아 주는 말 ▶

기운을 북돋아 주는 말을 사용하면 우리의 감정이 달라진다. 지금 당장 긍정적인 감정의 표현을 나누어보자. 누구나 조금도 막힘이 없는 똑 부러진 말솜씨를 지닌 훌륭한 언변가가 될 수 있다.

부정적인 감정 표현	긍정적인 감정 표현
어리석은	황홀한
화가 난	최상의
울적한	좋은
실망한	괜찮은
무안한	정신이 확 드는
냄새가 고약한	색다른
실패한	활기 넘치는
잃어버린	훌륭한
끔찍한	탁월한
할 수 없는	뛰어난
짜증이 난	놀라운

목소리의 톤, 즉 감정이입을 한 목소리 톤은 상대와 더 좋은 관계를 맺을 수 있다.

지금 관계하는 사람들에게 큰 꿈을 갖도록 긍정적이고 생산적인 말을 선물해주자. 지금 당장 사랑의 말과 격려의 말로 환대해주자.

긍정적인 단어는 듣기만 해도 사람들에게 활기를 주고, 웃음을 주고, 넘치는 에너지를 준다. 반면, 부정적인 단어는 떠올리기만 해도 사람을 화나게 하고, 불안하게 하며 분위기를 어둡게 만든다.

◀ 표현을 잘하는 7가지 방법 ▶

표현은 소통이다. 그러므로 표현을 잘하는 사람은 행복하고 인생이 즐겁다. 그리고 표현을 잘하면 성공은 물론이고 삶이 행복하다. 이는 말이 지닌 위대한 힘 때문이다.

1. 확신을 하고 자신 있게 표현하자.

2. 사람의 마음을 움직이는 사랑이 담긴 언어로 말하자.

3. 단순하게, 그리고 구체적으로 표현하자.

4. 상대방이 알아들을 수 있는 언어로 표현하자.

5. 적절할 때에 적합한 음성으로 표현하자.

6. 표현을 잘하기 위해 연습하자.

7. 좋은 표현을 배운 후에는 자신의 것으로 소화하자.

생각을
매니저먼트해라

마음속에 성공적인 이미지가 들어오면 긍정적인 말을 하게 된다. 행복의 원천인 말과 긍정적 사고가 입력되면 그대로 출력된다는 뜻이다.

그러나 마음속에 부정적인 이미지가 들어오면 부정적인 말을 하게 된다. 즉 부정적인 사고가 들어오면 부정적인 결과를 낳는다.

그런데 우리의 행동은 말에 영향을 받는다. 그러므로 긍정적인 사고와 말, 그리고 행동은 곧 성공을 강하게 끌어당기는 힘을 발휘한다.

말은 몸속으로 들어간다. 그래서 우리를 건강하게 하고, 희망차게 하고, 행복하게 하고, 높은 에너지를 갖게 하고, 놀랍게 하고, 재미있게 하고, 그리고 명랑하게 만들어준다. 반대로 의기소침하게 만들 수도 있다.

말은 우리 몸속으로 들어와 우리를 우울하게 하고, 못마땅하게 하고, 화나게 하고, 마침내는 아프게 한다.

따라서 긍정적인 것들을 마음속에 채우는 것으로 하루를 시작해야 한다. 이렇게 하면 긍정적인 기운이 온종일 우리를 지배할 것이다.

매일 아침 자신의 마음속에 뭔가 긍정적인 것을 채우는 일이 인생을 변화시킨다는 것을 몸소 체험해보자. 이를 실천하는 힘이 바로 생각의 힘이다. 즉 자신의 감정을 다스리는 것이다.

정신과 의사인 폴 투니어 박사는 자신의 저서《사람의 치료》에서 "나쁜 사고방식은 신체에 나쁜 영향을 준다. 반대로 마음속에 희망, 낙천주의, 그리고 열정을 품으면, 건강하고 행복을 가질 수 있다."고 말했다.

생각은 마음속에서 잉태되고, 혀의 형태를 갖추어 입을 통해 내뱉어진다. 그렇게 나오는 말에서 놀라운 창조적 힘과 강력한 치유의 능력이 발휘된다. 생각이 원하는 것을 갖게 해주는 열쇠인 셈이다. 그러므로 생각하기에 따라서 기적을 일으키고 치유되며, 생명을 지탱해주는 힘이 나오는 것이다. 이 거대한 힘이 바로 생각으로부터 이어지는 말의 힘이다.

◀ 생각은 무한한 자원이다 ▶

일본의 수학자 히로나카 헤이스케에 의하면 인간의 몸은 33조 개의 상상하기도 어려운 많은 세포에 의해 조직되고 조화되어 생명을 유지하고 있다고 한다.

그중에서도 가장 정밀한 조직은 머릿속에 있는 두뇌의 표면으로 약 140억 개의 신경세포가 생각하는 기능을 발휘하고 있다.

그 140억 개의 뇌세포를 다 쓰려면 234세라는 긴 수명이 필요하다고 한다.

두뇌 연구가들에 의하면 보통 사람들은 뇌의 기능 중 10%도 사용하지 못하고 죽는다고 한다. 즉 90%는 그냥 사장되고 만다는 얘기다.

천재 물리학자 아인슈타인도 자신의 뇌를 10%도 사용하지 못했다니 보통 사람들은 오죽하겠는가! 따라서 우리의 10%만 써도, 아니 생각을 10%만 바꿔도 우리는 성공할 수 있다.

생각을 조금만 바꿔도 세상이 바뀌고 인생이 바뀐다! 또한 운명이 바뀐다. 따라서 먼저 우리의 생각을 활용해야 한다.

'생각'이란 사고, 언어, 말, 행동, 태도의 결과물들이다. 결국 생각은 겉으로 드러나는 법이다. 참으로 놀라운 사실이 아닌가!

생각은 곧 말, 그리고 태도와 행동으로 나타나게 되어 있다. 그래서 누구를 사랑하게 되면 곧 사랑이라는 감정이 행동으로 나타나게 된다. 그러므로 우리의 머리를 통해 생각하고, 우리의 말로 그의 생각을 실현하며, 우리의 폐로 숨을 쉬고, 우리의 감정으로 느끼며, 동시에 우리의 병든 몸을 치료한다.

사람은 하루 5~6만 가지의 생각을 한다고 한다.

생각해보자!

팔은 잘려도 다시 자라지 못한다. 다리도 마찬가지다. 그러나 생각은 언제나 새로운 것을 낳는다. 늘 새로운 것을 만들어 창조해내므로 생각은 생산적인 힘을 갖고 있다.

흔히 부자가 되고 싶은 욕망, 성공하고 싶은 야망, 행복해지고 싶은 마음은 잘못된 게 아니라 마땅하고 옳은 생각이다. 이는 성공을 이루기 위해 꼭 필요한 마음가짐이다. 그러므로 생각이 성공을 만든다는 사실은 진리다. 반드시 기억하자.

우리 주변에서 성공과 실패의 모습을 쉽게 볼 수 있다. 그런데 그 기준은 다름 아닌 '생각의 위력'에 있다.

만약 여러분이 실패한 경험이 있다면 그것은 대부분 실패에 대한 생각 때문에 일어난 것이다. 바로 그 생각의 힘을 올바로 적용할 때 비로소 건강과 행복, 성공적인 인생이 손안에 들어오게 되는 것이다.

필자는 고등학교 2학년 때에 '나는 교수가 되겠다!'고 생각하고 서원했는데, 20년이 지난 지금 교수가 되어 있다.

생각이 자라서 그대로 삶에 적용된 것이다.

자기 생각과 감정, 소망과 상상력을 외부세계로 발산하면 그 결과를 고스란히 실제 삶과 일 속으로 끌어들일 수 있다.

발산이 있었기에 흡수가 있는 것이다.

다시 말해서 받기 전에 먼저 주어야 하며, 수확하기 전에 씨를 뿌려야 하는 원리와도 같은 것이다.

남에게 줄 수 있는 것은 꼭 돈과 물질만이 아니다.

사소한 칭찬 한마디, 긍정적인 반응, 친절한 행동과 태도 하나에도 발산과 흡수의 법칙이 적용된다.

◀ 생각이 현실이 된다 ▶

사람의 마음을 지배하는 것은 생각이다. 그러므로 생각에 부(富)를 채워 넣었다면 여러분은 곧 부를 끌어당기게 될 것이다.

여러분이 무슨 생각을 하든 그 생각에 반응한다는 것을 기억하자.

현재의 생각은 곧 자라서 미래의 삶에 나타난다. 지금 여러분이 가장 많이 생각하고 집중하는 대상이 삶에 나타날 것이다.

분명한 목표와 확고한 비전을 품고 그것에 집중해야 한다.

현대의 사람들은 현실에만 집중하고 미래의 비전을 품지 않기 때문에 실패하는 것이다. 예를 들어 "나는 살이 너무 쪘어!", "나는 불행해.", "나는 슬퍼." 등 현실의 부정적인 면만 바라보며 사는 것이 문제다.

무엇을 하든 생각하고 집중하면 끌어당길 수 있다는 사실과 풍부해진 삶에 집중하면 현실이 된다.

우주에는 생각의 느낌이 점점 커진다는 법칙이 있다. 따라서 생각의 감정, 그리고 행동은 반드시 같은 방향으로만 나아가야 한다. 만약 이 중에 어느 하나라도 빠지면 자기 삶에 끌어당기는 힘이 생기지 않을 것이다. 생각에 감정을 불어넣고 그 다음 행동하는 것이다.

이 우주의 에너지를 통제하는 것은 생각과 감정이다. 생각은 정신적인 에너지의 단위다. 그래서 이 생각은 경험, 말, 행동으로 바뀌어 우리의 삶에 영향을 미치고 나타난다. 실제로 우리들 각자가 감사와 사랑, 조화와 평화의 느낌을 만들어낼 수 있다.

우주는 그 느낌과 맞추어가기 시작한다. 그리하여 우리의 삶 속으로 흘러들어오게 되는 것이다.

누구든 자신의 삶을 통제할 수 있다.

우주 창조의 주인은 바로 '나'이다. 이는 절대긍정의 사고다.

그러므로 우주, 사람, 환경, 사건들은 오직 주인의 명령에 따라 움직일 뿐이다. 문제는 자신이 끌어당김의 법칙을 알고 있느냐 하는 것이다.

이 세상의 모든 환경, 사회, 사람들, 돈, 직장, 자연, 일 등이 자신의 성공과 부를 위해 존재한다는 사실을 알고 그 법칙을 사용하자.

◀ 무심코 건넨 말 한마디 ▶

우리가 지금 생각하는 것 중의 대부분이 어제도 했던 걱정이나 고민이다. 반면, 행복한 사람들은 그런 걱정이나 고민을 줄이고 현재에 만족하며 감사하는 마음으로 살아간다. 그래서 행복하다.

필자는 매일 밤 잠들기 전 하루를 정리하는 기도를 한다. 그리고 하루를 되돌아보면서 내일 할 일을 생각한다. 또한 본인에게 주어진 사소한 것들에 대해 감사 기도를 드린다.

말은 생각을 형성하고 생각은 행동을 결정하며 인생을 만들어간다. 이는 대뇌의 지령을 받아 자율신경계가 작용한 결과이기도 하다.

미국의 심리학자인 셰드 헴스테더(Shad Helmstetter) 박사는 그 많은 생각 중에 75%가 부정적인 생각이고, 25%만이 긍정적인 생각이라고 주장한다.

인간의 생각은 관리하지 않고 가만히 두면 어느새 부정적인 방향으로 기울게 되고 부정적인 말을 할 수밖에 없다.

말은 감정을 만들어낼 뿐만 아니라 행동을 만들어내기도 한다. 그리고 삶의 결과가 나온다.

데일 카네기는 다음과 같이 말했다.

"오늘 누군가에게 무심코 건넨 친절한 말과 희망의 말을 여러분은 내일이면 잊어버릴지도 모른다. 하지만 그 말을 들은 사람은 평생 그것을 소중하게 기억할 것이다."

혹 상대가 기존의 생각과 다른 생각을 발표한다면, 아낌없이 칭찬하자. 그리고 가정에서나 학교에서 서로 질문하고 토론하는 분위기가 중요하다.

자신에게 묻는 태도를 보이게 해야 한다. 그 이유는 그래야 자기 자신의 블루오션을 발견해 사용할 수 있기 때문이다.

긍정적인 태도를 지닌 사람들에게는 고통스러운 기억이 큰 위협 요소가 되지 못한다. 결과적으로 긍정적인 사람들은 힘든 기억의 영향을 덜 받는다고 할 수 있다.

아인슈타인, 로댕 등이 자신의 분야에서 탁월한 실력으로 성공할 수 있었던 요인은 무엇인가?

바로 창조력이다.

창조의 원천은 생각과 감정이다. 이들이 세상과 인생을 창조하기 때문이다. 그래서 기분 좋은 생각을 하면 기분 좋은 일들이 더 많이 생기게 되고, 우울한 생각을 하면 더 우울해지는 원리가 바로 그것이다.

창조적인 말하기를 잘하려면

- 서로 모여서 질문하고 토론하자.
- 인문학적인 분위기를 만들자.
- 질문하고 답하는 문화를 만들자.
- 독창적인 생각을 발표하자.
- 사고를 다양하게 전환하자.
- 새로운 것에 대한 호기심을 키우자.
- 정직, 성실, 끈기를 배우자.

말꾼이 되기 위한
발표력 키우기

　자기 생각을 제대로 표현하기란 매우 어려운 일이다. 그러나 아무리 아이디어가 좋고 창의력을 가지고 있다고 해도 표현력이 없으면 아무 소용이 없다. 물론 어떨 때는 자기 생각을 의도적으로 감춰야 하는 경우도 있다. 하지만 이 또한 고도의 테크닉이 필요하므로 훈련을 통해서만 가능하다.

　연애하는 남녀 사이에 오가는 밀고 당기기는 연애에만 필요한 요령이 아니다. 인간관계에서도 서로의 심리를 정확하게 파악하고 치고 빠지는 것을 잘해야 상호 보완적인 대화를 할 수 있고, 남을 잘 설득할 수 있다.

　다음 사항들을 숙지해 자신의 생각을 100% 표현할 수 있는 사람이 되길 바란다.

여기 지침들은 반드시 말꾼이 되기 위해 실천되어야 할 지침들이다.

혼자서 예행연습을 하자

마치 1인 모노드라마를 연습하듯 꾸준한 연습과 훈련을 거듭하자.

두려움을 극복하고 자신감을 얻는 데 가장 좋은 방법은 오직 실전처럼 연습하고 훈련하는 것뿐이다. 첫째도 연습이요, 둘째도 연습이다. 그리고 실전처럼 끊임없이 연설이나 대화를 해보는 것이다. 이 실전연습으로 얼마든지 두려움과 공포증을 다스릴 수 있다. 오직 실질적인 연습을 통해서만 가능하다. 이렇게 연습해보자.

준비된 내용을 가지고 거울 앞이나 가족 또는 친구들 앞에서 예행연습을 하자. 때로는 점심시간에 이야기를 끄집어내는 것도 좋다. 등산이나 운동을 하면서도 사용할 문장이나 내용을 사전에 연습해본다.

현장 리허설을 하듯 준비하자

언제, 어떻게, 어떤 부분에서 청중 앞으로 다가갈지, 언제 물을 마실지도 철저하게 계획한다. 그리고 현장에 있는 것처럼 리허설을 철저히 하면 사람들 앞에 섰을 때 청중과 눈을 맞추며 이야기할 수 있는 여유가 생긴다. 이는 모두 리허설 덕분이다.

자연스러운 스피치를 하는 유일한 방법은 연습밖에는 없다.

그렇다. 좋은 스피치를 하기 위해서는 프로가 될 필요는 없지만, 준비는 프로처럼 해야 한다.

성공을 확신하자

'나는 할 수 있다! 잘할 수 있다!'는 확신을 해야 한다. 끝내 분명히 박수갈채를 받을 것이다. 절대로 부정적 생각을 하면 안 된다.

이야기의 처음부터 끝까지 주제에 몰입하고 성공을 확신하는 말을 고백하자.

이는 심리학자들도 동감하는 방법이다.

여러 모임이나 다양한 교제를 통해서 성공의 경험들을 만들자. 이는 좋은 훈련방법이 된다.

"나는 오늘 잘할 수 있을 거야!"

"그래, 파이팅!!"

"좋은 결과가 나올 거야!"

"멋지게 스피치할 수 있을 거야, 지난번에도 잘했잖아!"

실전에서, 친구들과의 대화에서 준비한 내용을 말해본다. 그래서 주변 사람들에게 말을 잘한다는 칭찬을 들을 때, 그 격려의 힘이 더욱 잘할 수 있는 프로로 만들어준다.

자신감 있는 태도를 보이자

화자는 청중에게 얼굴을 드러내는 순간부터 표현의 영역에 서 있게 된다. 따라서 자신감 있는 자세를 취하고 행동하는 것이 대단히 중요하다.

걸어 나오는 모습부터 앉아서 대기하는 모습 등 모든 것이 언어의 영역에 존재하고 있음을 기억하자.

스피치를 하기 위해 청중 앞으로 걸어 나갈 때는 기대감에 가득 찬 태도로 걸어 나가야 한다. 사형대에 끌려 나가는 것처럼 보이는 것은 절대 금물이다. 생생하고 힘찬 발걸음으로, 뭔가를 이야기하고 싶어서 못 견디겠다는 것을 청중은 느낄 수 있다.

화자는 환경에 상관하지 말고 자신감 있고 긍정적인 스피치가 공동체에 활력을 주고 위기를 희망으로 바꾼다는 것을 믿어야 한다. 그러므로 용기 있는 자세를 갖추고 늠름한 태도를 보여야 한다.

스스로 여유가 있어야 청중과 커뮤니케이션이 가능하다.

쾌활한 태도를 보이면 자신감을 얻게 되어 좋은 스피치를 할 수 있다. 또한 새 힘이 생기고 용기가 솟아날 것이다. 이제부터 자신감 넘치는 자세로 시작하자.

열정적인 욕구를 가져야 한다

사람들은 왕성한 욕구가 생겼을 때 자신감 넘치는 목소리로 말한다. 물속이라도 뛰어 들어갈 용기가 생기는 것이다. 그러므로 열정적인 욕구만 있으면 얼마든지 자신의 잠재력을 개발할 수 있다. 외향적인 성격으로 새로운 친구들을 사귀고 자신의 영향력을 더 넓고 깊게 확장할 수 있다.

정열을 가지고 대할 수 있는 주제와 내용을 선택하자

스피치를 할 때 평소 관심이 없던 영역이나 잘 모르는 주제를 다루면 정열도 따르지 않고 성공 여부도 불확실해져서 불안감에 빠질 가능성이 높다. 그러나 평소 정열이나 신념을 지니고 임했던 주제에 대해 발표를 하면 자신감이 생기고 사명감도 앞서서 불안할 틈이 없다.

청중과 친숙하자

가능하면 청중들과 미리 친숙해지는 방법을 강구하는 것이 좋다. 사전에 그들을 방문해 안면을 익힌다든지 그중 일부라도 미리 만나서 상호 간의 이해를 돈독히 한다면 그보다 더 좋은 방법은 없다.

그 단체의 목적이나 대표자의 특징을 기억해두는 것도 좋다. 이름을 기억했다가 부르거나, 그 지역의 명소나 자랑거리를 알아두었다가 거론하는 것도 좋은 방법이다.

"홍길동 총무님은 제가 본 사람 중에 가장 인자한 분입니다."

"여기는 사과가 유명하다고 들었는데, 그래서 그런지 미인들이 많네요."

연단에 서면 천천히 청중을 둘러보고 미소를 짓자

연단에 서면 자세를 바르게 하고 천천히 청중을 둘러보며 미소를 짓는다. 연단에 올라서자마자 너무 급하게 스피치를 시작하면 마음이 다급해져 무엇을 말해야 하는지 다 잊어버리게 된다. 의식적으로라도 여유를 가지고 미소까지 지으면 마음도 느긋해져 한창 고조된 불안감을 조금이라도 해소할 수 있다.

불안증 극복 체조를 익히자

사람들 앞에 서기 전에 불안증과 떨림증 극복 체조나 방법 등을 적용하여 긴장을 완화할 수 있다. 대화나 스피치를 앞두고 긴장이 고조될 때 이를 극복하는 데 도움이 되는 것으로 알려진 체조가 있다.

이 체조의 전부나 일부를 익혀 두었다가 발표 차례를 기다리는 동안에 사용하면 좋다.

두려움 극복 체조

- 심호흡을 여러 차례 천천히 반복한다.
- 혀와 턱을 풀어준다.
- 바른 자세를 유지한다.
- 손과 손목의 힘을 빼고 풀어준다.
- 어깨와 등을 똑바로 하고 앉은 다음 배를 당긴다.
- 머리와 목에 힘을 빼고 천천히 좌우, 아래위로 돌린다.

◀ 호흡을 잘하면 말이 술술 나온다 ▶

복식호흡이라는 말을 들어봤을 것이다.

우렁찬 목소리로 말을 하려면 복식호흡을 해야 한다. 또한 몸의 긴장을 누그러트리고 안정적으로 숨을 쉬려면 복식호흡이 좋다. 복식호흡이 힘들면 숨을 깊게 들이마셨다가 길게 내쉬는 호흡을 수차례 반복한다.

숨을 쉴 때 '내 마음은 지금 편안하다.'는 자기암시를 준다.

말할 때 턱이 앞으로 나오면 톤이 탁해지고 거칠어지니, 턱을 최대한 뒤로 당기고 귀가 어깨선과 일치하도록 한다.

말투가 빠르거나 톤이 높으면 흥분한 것처럼 보이고 상대방에게 불안감을 준다. 이를 예방하려면 목소리와 관련된 근육(턱, 혀, 입술)을 충분히 이완시킨다. 혀와 입술을 이완시키고 성대를 부드럽게 풀어주기 위해서는 혀 진동과 입술 진동을 해본다.

'따르르~' 하면서 혀를 진동시키고 입술을 '부르르' 떠는 연습이다. 또한 입을 크게 움직이면서 '아, 에, 이, 오, 우'를 다소 과장되게 반복 연습한다. 입안에서만 우물우물하고 자신 없는 목소리를 없애는 데 도움이 된다.

입에 나무젓가락을 물고 소리 내서 읽는 연습을 하면 정확하고 또렷한 발음을 할 수 있고, 목소리 떨림증과 공포증을 없애는 데 조금이나마 도움이 된다.

평소 말하는 습관을 고치는 훈련도 같이 하자.

가장 좋은 방법은 하루에 10분 동안 소리 내서 글을 읽는 것이다. 감정을 넣어서 마치 발표하듯이 연습하면 좋다. 숨을 적당히 쉬면서 정확하게 천천히 발음해야 한다. 하루에 10분씩 일주일 정도만 투자하면 큰 변화를 금세 느낄 수 있다.

◀ 발성 호흡법 ▶

　다음 규칙을 따라 익히고 충분한 훈련을 통해서 떨림증과 공포증 등을 치료해보자. 좋은 발성·호흡 훈련이기도 하다.

1 편안한 자세로 누워서 책을 배에 올린 뒤 숨을 들이쉴 때 책이 올라가도록 수차례 호흡한다.

2 위 1번 자세에서 입을 약간 벌리고 입과 코로 동시에 빨리 숨을 들이마시고, 내쉴 때 입술로만 가능한 한 길게 내쉰다.

3 익숙해지면 책을 치운 상태에서 2번과 같은 방법으로 호흡한다.

4 의자에 엉덩이를 집어넣고 허리를 펴고 바르게 앉는다. 2번과 같은 방법으로 호흡한다.

5 서 있는 자세에서 같은 방법으로 호흡하되 흉부가 양옆으로 확장되는 느낌을 가진다.

6 바닥에 배를 깔고 엎드린 뒤 위와 같은 방법으로 호흡한다. 숨을 쉬기 가장 힘든 자세이며, 폐활량을 높일 수 있다.

7 위의 자세들을 몸에 무리가 가지 않도록 반복한다.

◀ 복식 호흡법 ▶

발성 연습을 할 때는 항상 정확하게, 부드럽게, 또렷하게, 힘차게 이야기하도록 노력하자.

1 우선 자세를 바로 한다. 목소리와 자세는 밀접한 관계가 있다. 그래서 목소리가 예쁜 사람은 대개 자세가 바르다.

2 목소리는 뱃속에서 나와야 한다. 등은 항상 곧게 새우고 가슴을 편다. 손은 몸 옆쪽으로 똑바로 내리고 턱을 당기고 몸의 힘을 빼야 뱃속에서 소리가 나온다. 코로 천천히 뱃속이 가득 찰 때까지 숨을 들이마신다.

3 2번 상태에서 3초 정도 숨을 멈추었다가, 이번에는 입으로 천천히 내쉬며 뱃속의 공기를 전부 내보낸다. 매일 5~6회 반복한다.

4 입을 크게 벌리고 "아!~" 하고 참기 힘들 때까지 20~30초간 계속한다.

5 같은 요령으로 "아, 에, 이, 오, 우"를 크게 발음한다. 하루에 5~6회 반복한다.

6 1번부터 6번까지 동작을 2~3주 동안 계속하면 점차 목소리에 힘이 붙고 발음도 또렷해진다.

소통의 시작은 인사

인사는 비언어의 최고 언어이며 마음을 여는 열쇠다.

월마트를 창시해 세계 최고의 갑부 대열에 있던 샘 월튼의 사업 성공비결은 바로 인사였다고 한다.

평소 일상의 생활에서부터 인사하는 습관이 가장 중요하다.

인사는 성공으로 가는 최고의 지름길이다. 정말로 성공하고 싶다면 먼저 다가가 웃으며 인사하자. 인사란 상호의 마음을 흐뭇하게 만드는 일이며, 반드시 그 이상의 대가를 안겨준다.

언제, 어디서, 어떤 사람을 만나게 될지 아무도 모른다. 그러나 인사성이 밝은 사람은 그 간단한 인사로 주변 사람을 행복하게 만든다.

인사로 좋은 인간관계를 맺어야 인생에서 성공할 수 있다. 되도록 많은 사람과 인사를 나누는 것이 인간관계를 돈독히 하는 비결이다.

백화점에서도 손님의 지갑을 여는 무기는 바로 '인사'라고 한다.

친절하고 공손하게 인사를 할 때 매장의 매출도 쑥쑥 올라간다. 그 뿐만 아니라 부모와 자식, 부부, 친구, 직장 동료 간에도 인사를 잘하면 가정은 화목해지고 일의 능률도 한층 더 올라간다.

현대인들은 인사의 중요성을 잘 모른다.

인사는 돈 안 들이고 좋은 점수를 얻을 수 있는 최고의 성공 비결이라는 사실을 꼭 기억하자!

◀ 무조건 먼저 인사하자 ▶

최고의 리더십 인자 중 하나가 바로 인사성이다. 인사성이란 상대에 대한 나의 관심, 호의, 감사의 표현이다. 그러므로 기회가 주어지면 무조건 먼저 인사를 하자. 이는 강력한 성공 요소 중의 하나다.

관심, 감사, 호의, 생각의 표현들을 다 통합한 선물은 무엇일까? 바로 '인사'다. 인사성이 분명해야 상대방에게 자신의 호의, 관심, 감사, 생각이 확실히 전달되기 때문이다.

어쩌면 사람과 사람 사이의 최고의 선물은 인사일 것이다.

인간관계는 성실한 관심의 표현을 통해 더욱더 돈독해진다. 이때 인

사만이라도 분명히 할 필요가 있다.

인사를 할 때에는 밝고, 부드럽고, 화사한 표정이 가장 이상적이다. 또한 표정이 밝아야 성공할 수 있다. 웃음으로 호의를 보이면 상대 또한 자연스럽게 호감을 느낄 것이다. 그래서 웃음은 전 세계 공통 언어다.

생각, 관심, 호의, 감사의 표현을 주변 사람들에게 진실하고 성의 있게 표현하면 사회가 한층 더 밝아질 것이다.

어두운 인상보다 밝은 인상을, 소극적인 것보다 적극적인 자세를, 우왕좌왕하지 말고 인사 실천을, 내성적이고 개인적이기보다 외향적이기를 애써 노력하면 바람직한 인사성이 몸에 배게 될 것이다.

효과적인 인사는 먼저 선수를 쳐야 한다.

우리가 누구에게 자발적으로 먼저 인사하는 경우를 한번 생각해보자. 자신이 먼저 인사를 한다는 것은 상대에게 호의를 표시하는 일이다. 한편 존경의 표시이기도 하다.

인사는 적극성과 능동성이 앞서야 그 효과가 더 크기 때문에 자기가 먼저 하는 것이 유리하다.

여러분이 먼저 마음을 열고 "나는 당신을 좋아합니다." 하는 바른 인사를 하면, 상대도 마음을 열고 "사실, 나도 당신을 좋아하고 있습니다."라고 서슴없이 답례해올 것이다.

상대를
내 편으로 만드는 칭찬

《톰 소여의 모험》을 쓴 작가 마크 트웨인은 "멋진 칭찬을 들으면 그 것만으로도 두 달은 살 수 있다."고 말했다.

요즘 사람들은 못 먹어서 배고픈 것이 아니라, 격려와 칭찬의 말, 긍정적인 말, 희망의 말에 목말라 있다. 자신을 알아주고 인정해주는 신뢰의 말을 들어본 지 오래다.

금과 은이 어떻게 만들어지는가?

금이나 은이 섞여 있는 원광석을 도가니에 넣고 풀무를 돌리며 불을 때면 돌과 금이 분리되고, 불순물을 제거하면 정금이 된다.

그래서 칭찬은 금 같은 사람을 만든다.

금 같은 사람은 태어나는 것이 아니라 칭찬으로 만들어진다. 또한 칭찬은 용기를 심어준다. 칭찬은 환자를 치유하는 최고의 보약이다. 절망 가운데 놓여 있는 사람에게 최고의 약은 바로 격려와 칭찬이다. 특히 내면에 있는 무한한 가능성과 잠재력을 발휘시킨다.

상대방의 장점을 발견해 인정하고 좋게 말해 주는 것이 칭찬이다. 또한 남을 칭찬할 줄 아는 사람은 상대의 좋은 면을 볼 수 있는 능력을 갖추고 있다.

◀ 칭찬에는 '다음'이 없다 ▶

칭찬과 관련해 네 가지의 유형의 사람이 있다고 한다.

첫째, 다른 사람도 칭찬하지 않고, 자신도 칭찬하지 않는 사람이다. 그 사람은 혼자만 살다가 가야 할 사람이다.

둘째, 다른 사람은 칭찬하면서 자기는 칭찬하지 않으려는 사람이다. 지나치게 겸손한 사람이다.

셋째, 다른 사람은 칭찬하지 않으면서 자기만을 칭찬하는 사람이다. 이런 사람은 한쪽으로 치우쳐 있는 사람이다.

넷째, 다른 사람도 칭찬하고 자기도 칭찬하는 사람이다. 이런 사람이 바로 성공할 수밖에 없는 칭찬의 리더십을 지닌 사람이다.

칭찬은 아첨이나 겉치레의 말이 아니다. 따라서 어디까지나 사실에

입각하지 않으면 안 된다. 진실을 그 자리에서 전달하는 것이 칭찬이다.

마음속에서 '좋구나!' 하고 느끼면, 그 즉시 말해준다. 좋다는 느낌을 바로 말로 표현하는 습관을 길러야 한다.

칭찬은 평소에 연습하지 않으면 쉽게 나오지 않는다. 칭찬도 자신감이다. 그래서 칭찬도 많이 해본 사람이 잘한다. 칭찬은 타이밍 또한 중요하다. 음식을 먹을 때도 목으로 넘어가는 순간, "정말 맛있다.", "이 김치 참 맛있는데요!" 하고 말해야 칭찬의 가치가 있는 것이다. 한참 지난 뒤에 "그때 그 김치 맛있었다."고 해봐야 아무 소용이 없다. 가능하면 언제, 어디서라도 상황과 조건과 관계없이 칭찬과 격려의 말을 할 수 있도록 노력하자.

시간이 지나면 칭찬도 효력이 줄어든다. 칭찬에는 '다음'이 없다. 그러므로 지금 바로 칭찬하자.

◀ 칭찬의 기술 10가지 ▶

자아의식을 만족하게 하자

인간 내면의 자아는 욕심쟁이와 같다. 그래서 아무리 칭찬을 받아도 만족이 없다. 그래도 열심히 칭찬하지 않으면 안 된다.

"칭찬의 언어는 바보라도 훌륭한 사람으로 만든다."는 영국 속담처럼 칭찬의 언어야말로 인간의 자아를 간질이는 최상의 자극제다.

사람은 누구나 칭찬을 받으면 기뻐한다. 그 칭찬이 비록 아첨이라 할지라도 자아의식은 만족감을 크게 느낀다.

생각지도 않았던 의외의 사실을 말하자

뜻밖의 사실을 칭찬하는 것이다. 상대가 생각지도 못했던 의외의 사실을 칭찬해보자. 그러면 기쁨은 갑절이 된다.

정원 한쪽에 그럴듯한 개 한 마리가 눈에 띈다면 다음과 같이 칭찬하자.

"야~ 대단한 개군요. 뭔가 달라요. 저 개 족보 있지요?"

칭찬하기 위해서는 의외의 사실이나 깜짝 놀랄 만한 일을 지적하는 것이 효과 100%다. 지당한 말씀이나 당연한 것은 칭찬해도 무용지물이다. 그리고 뜻밖의 사실을 칭찬한다. 유심히 관찰하고 꼼꼼한 관리로 의외의 사실을 칭찬받은 상대는 뜻밖의 호의를 보낼 것이다.

특권의식을 불러일으키자

다음 작전은 상대에게 특권의식을 불러일으키는 것이다. 즉 자신이 특별한 사람으로 대우받고 인정받음을 인식시키는 것이다. 그러면 그 사람의 마음을 쉽게 사로잡을 수 있다. 자기가 선택받는다는 것은 매우 유쾌한 일이다.

능숙한 장사꾼들은 단골손님이 들어오면 반갑게 인사하며 그들의 '특별함'을 강조한다. 손님의 기호를 잊지 않고 기억해 두었다가 말로 서비스를 한다거나 큰 소리로 "김 사장님 오셨다!", "이거 좋아하시죠?" 하며 그 손님만을 대우해주면서 특권의식을 부여하는 것은 칭찬의 효과를 갑절로 늘리는 기술이다.

상대의 장점을 확대하자

전체를 평균적으로 칭찬하지 말고 상대의 부분적인 장점을 확대하여 칭찬해보자.

어느 학교에 엉뚱한 학생이 하나 있었다. 그 학생은 시험만 보면 다른 과목은 낙제점수인데 수학만큼은 만점을 받았다. 수학 하나만 보면 가히 천재라고 하겠는데 다른 과목이 형편없으니, 학교에서도 모범생으로 인정해주지 않았다.

그런데 하루는 놀랄 만한 수학적 두뇌가 아깝다고 생각한 선생님이 그 학생을 불러 이렇게 말했다.

"수학 점수가 정말 놀랍네. 자네는 천재야. 다른 과목도 포기하지 말고 수학처럼 열심히 해보게. 틀림없이 성공할 거야."

다른 과목의 성적이 형편없어 늘 풀이 죽어 있던 학생은 그 칭찬 한 마디로 능력을 발휘해냈다고 한다. 그가 바로 천재 물리학자 아인슈 타인이다.

제삼자를 등장시켜 칭찬하자

직접적인 칭찬보다는 제삼자를 등장시켜 간접적으로 칭찬하는 것 이 효과적일 때도 있다.

"자네 아버지 말이야. 친구라서 말하는 것이 아니라, 참 훌륭한 분이 지!"

"지난주 병원에서 인사드렸던 어머니 말이야. 참 건강하게 보이시 네. 그리고 어쩌면 그렇게 얼굴이 밝고 아름다운지!"

"어제 자네를 본 선생님 한 분이 자네 글이 참 좋다고 칭찬하시더군."

똑같은 칭찬이라도 제삼자를 통해 건네 들으면 직접 들은 것보다도 더 기분이 좋아진다. 제삼자에게서 전해들은 칭찬이 더욱 감동적인 것은 객관적으로 나의 장점을 인정받았다는 느낌이 들기 때문이다.

상대를 인정하자

인간은 누군가에게 인정받고 싶은 기본적인 욕구를 가지고 있다.

칭찬이야말로 상대를 인정해주는 최고의 방법이다. 인정받는다는 것은 성공적인 인간관계를 형성했다는 뜻이다. '인정한다.'는 말 자체가 '신뢰한다.'는 뜻이다.

남자는 자신을 인정해주는 상사를 위해 목숨을 걸고, 여자는 자신을 알아주는 한 사람을 위해서 화장을 한다는 말이 있다.

철학자 파스칼은 "인간은 자신의 우수함을 보이기 위해서 명예를 얻으려고 안간힘을 다한다."고 말했다.

상대의 직업이나 전문성, 그리고 재주를 인정해주는 칭찬의 언어야 말로 효과 만점의 기술이므로 이를 잘 활용해야 한다.

상대의 소지품을 칭찬하자

수시로 상대방이 지닌 소지품이나 액세서리를 칭찬하는 것이다. 단순한 칭찬 같지만 기대 이상으로 상당한 효과가 있다.

"자네 넥타이 근사한데. 멋져! 잘 어울린다고."

"그 지갑 어디서 샀어? 안목이 대단한걸!"

"귀걸이가 참 잘 어울린다. 더 예뻐 보여!"

특별히 여성에게는 좋은 것, 독특한 것, 구하기 힘든 것을 지녔다고 칭찬해보자. 갑자기 얼굴에 화색이 돌고 으쓱해져서 진심으로 고마워 할 것이다.

화려하게 칭찬하자

여성은 화려한 칭찬일수록 만족도가 높다고 한다. 그러므로 여성을 칭찬할 때는 화려하게 하자. 제아무리 지성이 넘치고 냉정한 여성이라도 칭찬 앞에서는 힘없이 무너지고 만다.

프랑스의 시인 보들레르는 이러한 여성 심리에 대해 다음과 같이 꼬집었다.

"여성은 제아무리 슬픈 일을 당해도 마음 한구석에 칭찬의 말을 받아들일 부분을 남겨둔다."

식상한 칭찬은 하지 말자

형식적이거나 뻔한 찬사는 오히려 하지 않는 것이 좋다. 상대는 이미 최상급의 형식적인 칭찬에 싫증이 나 있을지도 모른다.

칭찬도 어느 정도 선을 지키며 적당히 해야 한다는 얘기다. 상대가 칭찬을 듣고 마음에 부담감을 느끼거나 공치사처럼 들리기 때문이다. 어쩌면 더 불편한 관계나 감정이 생길 수도 있다.

반복해서 칭찬하자

반복해서 칭찬을 아끼지 않을 때 그것이 진심으로 전달된다. 한 번의 칭찬으로 끝내지 말고 반복해서 하면 효과가 더 좋다.

위 열 가지 기술을 모두 삶에 적용하고 활용하기 위해서는 부단한 노력과 훈련이 필요하며 칭찬의 습관화가 몸에 배어 있어야만 한다. 지금부터라도 열심히 칭찬하는 습관을 지니자.

칭찬은 사람을 움직이게 하는 힘을 지녔으며 기분도 좋게 만든다.

오늘부터 적극적으로 칭찬하자.

일상 속 칭찬 한마디

- 헤어스타일이 아주 마음에 드네요.
- 넥타이가 참 잘 어울리네요!
- 인상이 참 좋습니다.
- 손이 참 곱네요.
- 당신은 참으로 좋은 성품을 지니고 있습니다.
- 당신의 미소는 백만 불짜리예요!
- 당신과 함께 있으면 즐거워요.

인간관계
최고의 스킬, 고마워

감사의 말은 놀라운 에너지를 발산하는데, 그것은 내면의 문제를 해결하는 힘을 갖고 있으며, 활력을 불어넣는 에너지가 넘쳐난다. 무엇보다도 내면을 치료하는 효과가 있다.

영어에서 '감사'라는 말은 여러 가지로 표현되는데, 라틴어 'gratitude', 즉 '기쁘게 해준다.'는 뜻이다. 그래서 매사에 감사할 줄 아는 사람은 긍정적이며 모든 것을 소중하게 여길 줄 안다. 특히 감사하는 마음과 말은 스트레스를 줄여주고 부정적인 감정을 완화해 건강에 좋다고 한다. 또한 사고가 유연해져 문제 해결능력에도 도움이 된다.

여기서 말하는 감사는 일시적이고 형식적인 말이 아니라, 항상 감사하는 마음가짐을 뜻한다. 이는 아주 적극적인 자세를 말하는 것이다.

즉 감사는 강한 에너지로 변하여 상대를 끌어들이는 힘을 지니고 있다.

영국 속담에 "감사는 과거에 주어진 덕행이 아니라 미래를 살찌게 하는 덕행이다."라는 말이 있다. 특히 감사하는 마음이 사람에게 주는 영향력이 정신적으로나 육체적으로, 또 사회적으로도 매우 크다. 마침내는 삶을 긍정적으로 변화시킬 수 있다.

단지 "감사합니다."라고 말함으로써 지금보다 건강해지고 행복해질 수 있으며, 온갖 스트레스를 통제할 수 있다. 정말로 감사하다는 말 한 마디가 인생을 바꿀 수 있다.

매사에 불평불만이 많은 사람은 늘어나는 반면, 고마움을 표현하는 사람은 날이 갈수록 줄어들고 있다.

21세기 사람들은 인류 역사상 최고 수준의 물질적 풍요를 누리며 살고 있다.

사람들은 고급 승용차와 아파트, 좋은 품질의 상품들을 사용하며 맛있는 음식에 길들여 있다. 하지만 아이러니하게도 행복지수는 점점 낮아지고 있다.

미국의 조사결과를 보면 행복지수가 30%까지 떨어져 있다고 한다. 그 이유는 사람들의 마음이 점점 가난해지고 있기 때문이다.

어느 승무원은 "좋은 자리 주셔서 정말 고마워요."라는 고객의 말 한마디면 하루가 행복해진다고 한다.

감사하는 태도는 돈이 들지 않는다.

하루 중 단 몇 분만 투자하면 엄청난 행복과 힘을 얻을 수 있음을 기억하자. 행복과 풍요로운 인생을 만드는 힘, 그리고 불행을 극복하는 사람의 말을 해보자.

"감사합니다, 고맙습니다, 수고하셨습니다."

◀ 감사의 습관 들이기 ▶

감사한 일을 매일 세 가지만 적어보자.

과거의 불행한 자신으로부터 탈출할 수 있을 것이다.

지금 우리가 가진 것에 감사할 수 있어야 한다. 그러면 많은 성과를 이루어낼 수 있다.

매일 감사의 씨앗을 심자.

오프라 윈프리는 "우리 주변에는 감사해야 할 일이 아주 많으며 그것을 매일 기록해야 한다."고 말했다. 그녀는 불우했던 어린 시절부터 매사에 감사하는 습관을 지녔다고 한다.

감사를 느낀 상황이나 사건을 적은 후에는 그 일들이 왜 자신의 인생에서 좋게 작용했는지에 대해서 적는다. 하루의 일과를 마치고 감사 노트를 쓰면서 반성하면 자신의 발전을 도모할 기회가 될 수 있다. 또한 과거는 버리고 현재를 긍정적이고 객관적으로 바라보는 시각을

가지게 된다는 것이다.

매일 감사한 일 세 가지를 적어나가면, 놀라운 기적을 체험하게 될 것이다.

누군가에게 생애 최고의 날을 만들어주는 것은 그리 힘든 일이 아니다.

전화 한 통, 감사의 쪽지, 한 마디의 칭찬과 격려만으로 충분하다.

감사함을 받은 사람의 기쁨은 더욱 증폭된다.

다음의 실험결과를 통해서 알아보자.

코넬 대학교 교수인 엘리슨 아이젠 박사는 실제로 의사들에게 사탕을 주는 실험을 했다. 우선 의사들을 두 그룹으로 나누었다. 한 그룹에는 진단용 자료와 함께 사탕 바구니를 주었다.

사탕 바구니에는 사탕 열 개가 감사 메모와 함께 빨간 끈으로 묶인 채 들어 있었다. 반면, 다른 룹의 의사들에게는 선물을 주지 않고 "실험에 참여해주셔서 고맙다."라는 인사만 했다.

그러자 실험결과 차이가 매우 컸다.

"사탕을 받은 의사들은 서둘러 결론을 내리지 않았습니다. 그들은 질병의 원인이 무엇인지에 대해서 비교적 빨리 판단했고, 그 판단이 옳았지만 새로운 정보에 대한 분석을 계속했지요. 성급한 판단을 내리지 않으면서 세심하게 분석하는 경향을 보였습니다."

그러나 사탕을 받지 못한 의사들은 체계적이지 못했다. 그들은 주어진 정보를 왜곡하거나 미리 정해놓은 가설에 맞지 않은 사실이 나타날 경우, 무시하려는 경향을 보였다.

아이젠 박사는 감사의 표현을 전달받은 의사들은 좀 더 자세하게, 자발적으로 증상을 살펴본 것으로 분석됐다고 밝혔다. 또 정확하게 진단하면서 자기들이 무조건 옳다는 고집을 부리지 않은 것으로 나타났다.

그의 실험결과는 다음과도 같다.

선물을 받았을 때의 좋은 기분이 인간의 뇌에서 도파민을 분비한다는 것이다. 비록 선물이 사탕 바구니나 감사 인사와 같은 작은 것일지라도 도파민을 분비토록 하는 것이다.(≪감사의 힘≫, 데보라 노빌, 김용남 역, 위즈덤하우스).

기대하지 않았던 칭찬은 상대방으로 하여금 즐거움을 느끼게 해주는 힘을 가지고 있다. 그러므로 감사의 전화 한 통, 감사의 쪽지나 메일, 문자, 한마디의 칭찬과 격려로 선물을 나누자.

◀ 감사 연습하기 ▶

미국 미시간 대학(Michigan University)에서 약 10년간 2천 7백여 명을 대상으로 사망률을 조사한 결과, 긍정적이며 감사하는 마음을 가지고 자원봉사를 하는 사람들의 사망률이 일반인보다 2.5배나 낮게 나타났다고 발표했다.

코넬 대학의 연구결과에서도 긍정적이고 감사한 마음을 지닌 사람들의 면역체계에서 티(T10)세포를 증가시켜 질병에 대한 저항력과 회복력을 높여주는 것으로 나타났다.

감사하는 데 인색하지 않은 사람들은 하나같이 '감사하는 마음'이 자신들의 성격을 바꾸었다고 말한다. 내성적이고 소극적인 사람이 외향적이고 사교적으로 변하며, "난 행복해요"라고 말할 수 있는 사람으로 바뀌기 때문이다.

'매사에 감사하기'는 행복에 이를 수 있는 긍정성을 성취하기 위해 유용한 방법이다.

3개월만 매일 기록하는 연습을 해보자. 감사 연습은 곧 행복을 찾아내는 연습이다. 감사의 태도를 가진 사람은 정신적 상처나 스트레스를 훨씬 덜 받는다.

단지 심리학에만 국한되는 이야기가 아니다.

무엇보다 좋은 것은 손을 잡고 눈을 쳐다보면서 "고마워."라고 말하는 것이다.

인간관계 최고의 스킬인 "고마워."에 인색하지 말자.

이 말은 많이 쓰면 쓸수록 사람들이 모여들게 하고, 성공의 길로 안내해준다.

'감사'가 주는 효능

- 스트레스를 감소시킨다.
- 면역 기능을 활발하게 움직이도록 한다.
- 감정의 회복과 치유를 촉진함으로써 건강을 유지하게 한다.
- 걱정과 두려움을 떨쳐버리게 한다.
- 좋은 인간관계를 향상해준다.
- 업무 능률과 생산성 효과를 준다.

감사 태도 질문표

1 내 인생에서 감사할 일들이 매우 많다고 생각한다.
2 감사할 것에 대한 목록을 작성한다면 그 목록은 아주 길 것이다.
3 세상에는 감사해야 할 일이 아주 많이 있다.

4 많은 사람에게 감사함을 느낀다.

5 어떤 일이나 사람에게 감사함을 느끼는 데 걸리는 시
간이 매우 짧다.

절대 그렇지 않다	1점	그렇지 않다	2점	약간 그렇지 않다	3점
보통이다	4점	약간 그렇다	5점	매우 그렇다	6점

[채점 결과]

- 20점 이상

  당신은 감사하는 태도가 몸에 밴 사람이다. 지금 충분
  히 행복을 누리고 있다.

- 15~20점

  당신은 일상에서 많은 감사를 느끼며 살아가는 사람
  이다. 지금도 충분하다. 당신은 주변에서 감사할 대상
  을 금방 찾아낼 수 있을 것이다.

- 15점 미만

  당신은 감사하고 기쁠 때보다는 슬프거나 분노를 느
  낄 때가 많다. 불행한 생각보다는 행복한 생각을 하려
  고 노력하기 바란다.

잠재력을
이끌어내는 격려

개미를 연구하는 학자들에 의하면 개미는 사람들이 아는 것만큼 열심히 일하지 않는다고 한다.

유심히 관찰해보면 20%는 땀 흘려 열심히 일하고 나머지 80%는 일하지 않고 논다고 한다.

여러분은 20%의 노력자인가, 80%의 게으름뱅이인가?

이 세상은 긍정적으로 노력하는 사람들에 의해 굴러가며 더 밝은 사회로 뻗어 나가고 있다.

긍정적인 말 한마디가 가정과 사회와 세상을 바꿀 수 있음을 기억하자.

항상 지지해주고, 격려해주고, 인정해주는 말을 선물하며 살자.

우리는 늘 희망적인 말을 습관화해야 한다. 특히 자라나는 어린이들에게는 격려의 말이 보약이 된다는 사실을 잊지 말자.

◀ 격려의 한마디가 인생을 바꾼다 ▶

철학자 괴테는 이렇게 말했다.

"인간은 보이는 대로 대접하면 결국 그보다 못한 사람을 만들지만, 그의 잠재력대로 대우하면 그보다 큰사람이 된다."

우리는 언제나 살리는 말, 생산적인 말, 희망의 말을 해야 한다.

사람은 말을 먹고 자란다. 그래서 어떤 말을 듣고 자랐느냐에 따라 그 결실이 달라진다. 그릇의 크기가 다른 것이다.

어느 가난한 청년이 있었다.

청년은 너무 배고픈 나머지 국수 두 그릇을 주문해서 허겁지겁 먹었다. 돈이 없는 청년은 주인 눈치만 보다가 결국 도망을 치고 말았다. 그런데 국숫집 주인이 도망가는 청년에게 다급히 말했다.

"이보게, 뛰지 말고 천천히 가게. 그렇게 뛰다가 다칠라. 얼마나 배가 고프면 두 그릇이나 먹었을까."

그 청년은 도망을 치며 자신을 걱정해주는 주인의 따뜻한 마음씨에 감동하였고, 훗날 큰 기업의 사장이 되어서 이렇게 말했다.

"오늘 내가 이 자리까지 오를 수 있었던 것은 그 국숫집 주인의 격려의 말 덕분이다. 그 한마디가 나를 이 자리로 이끌었다."

만약에 뛰어가는 청년에게 "너 거기 서! 잡히면 죽어! 경찰에 신고할 거야!"라고 말했다면 그 청년이 그렇게 크게 되지 않았을 것이다.

우리는 주변 사람들이 큰 꿈을 가질 수 있도록 긍정적이고 생산적인 말을 선물해야 한다. 사랑의 말, 격려의 말로 삶에 지친 이들을 가슴으로 안아주어야 한다.

습관적으로 하는 말이 자신의 운명을 결정한다.

늘 못 한다고 말하면 그 말의 그물에 걸려 결국 실패하게 된다.

이처럼 말 한마디가 매우 중요하다. 특히 자녀들에게 말 한마디를 잘못하여 그들의 인생을 그르치는 일이 얼마나 많은가!

미국 존스 홉킨스 병원 소아신경외과 과장인 벤 카슨(Ben Carson)은 세계 최초로 샴 쌍둥이 분리수술에 성공한 의사다. 국내에도 소개된 《크게 생각하라》의 저자인 그는 흑인 빈민가 출신의 열등생에서 세계 최고의 소아신경외과 의사로 성공해 오늘을 살아가는 젊은이들에게 꿈과 희망을 주고 있다.

하루는 기자가 벤 카슨에게 물었다.

"오늘의 당신을 만들어준 것은 무엇입니까?"

벤 카슨은 다음과 같이 말했다.

"나의 어머니 쇼냐 카슨 덕분입니다. 어머니는 내가 꼴찌를 하고 흑인이라는 이유로 따돌림을 당할 때, 늘 '벤, 넌 마음만 먹으면 무엇이

든 할 수 있어!'라는 말을 끊임없이 들려주면서 내게 격려와 용기를
주셨습니다."

 이처럼 위대한 인물 뒤에는 그들을 키운 격려의 말이 있다. 그렇다
면 나는 과연 사람들에게 격려의 말을 하면서 살아가고 있는가?

 이제 말의 힘과 위력을 믿고 위로의 말, 격려의 말, 희망의 말을 하
면서 살도록 하자.

생각의 틀을 바꾸는
설득의 힘

요즘 초등학생들의 말을 듣고 있노라면 어휘 선택이나 문장 구사 능력이 과거보다 한층 성숙한 느낌이다.

이는 다양한 이유가 있겠지만 아무래도 매스컴의 위력이 아닌가 싶다.

오락프로그램이나 드라마에서 등장하는 말이 모두 나쁜 것은 아니지만, 아이들이 무슨 말이든 비판 없이 받아들여 그대로 사용하는 것이 문제라면 문제다.

늦게 자고 늦게 일어나는 아이가 못마땅했던 어머니가 하루는 일찍 자는 습관을 지녀보라고 설득을 했는데 오히려 아이가 어머니에게 이렇게 대답했다고 한다.

"엄마, 그럼 내가 아침 7시부터 뛰어다니면 좋겠어요?"

우스갯소리처럼 들릴지 모르지만, 아이의 논리력이 아예 무시할 만한 것은 아니다. 어찌했든 그들의 대화 수준이 어른들 못지않고 또래끼리 나누는 대화를 들어봐도 논리성에 문제가 없으니 놀랄 일임에는 틀림이 없다.

그런데 이성적인 면이 발달했지만, 상대방을 생각하고 배려하는 부분은 부족해졌다. 자기중심적인 생각에 빠져 자기 말만 늘어놓고 다른 사람의 말에 도무지 귀를 기울이지 않는 경향이 강해졌다.

초등학생을 예로 들었지만, 이는 사회 전반적인 문제이며 '소통의 부재'라는 심각한 문제로까지 확대되고 있다.

오늘날 미국에서 가장 영향력 있는 사람으로 이제는 하나의 브랜드 네임이 된 오프라 윈프리가 성공할 수 있었던 것은 바로 '경청'의 힘이었다.

많은 사람이 말하지만 말하기의 기본은 바로 잘 듣는 것이다.

그녀는 텔레비전이라는 공개 매체에서 자신의 치부를 모두 공개하며 상대방에게 열린 마음으로 다가섰고, 그들이 하는 말에 항상 공감하면서 편안한 자리를 만드는 것으로 자신의 토크쇼를 이끌고 있다.

우리는 일상생활에서 대화를 어떻게 이끌고 있는가?

가벼운 대화나 유머도 일부분이겠지만, 아침부터 잠자리에 드는 순간까지 대부분의 대화가 '문제→갈등→협상'이라는 3단계를 거치게 된다.

회사 직원들끼리 점심 메뉴를 고르면서 의견이 다를 때도 대화가 필요하고, 여름 휴가를 정하지 못한 연인들도 각자의 의견이 달라 논쟁이 일어나기도 한다. 이렇게 인간의 24시간은 갈등과 협상의 반복으로 이루어졌다고 해도 과언이 아닐 것이다.

끊임없이 대화를 나누는 목적은 결국 해결책을 찾기 위함이다. 그 해결책을 찾기까지 우리는 수많은 대화를 나누게 되는데, 그 대화가 항상 타협이라는 보기 좋은 과정을 거치는 것은 아니다. 간혹 남을 설득해야 할 때도 있다.

설득이란 상대방을 내 편으로 끌어오는 것인데, 그 과정 또한 매우 중요하다.

설득을 하기 위해서는 감정적 설득과 이성적 설득을 모두 이용해야 하며, 어느 한쪽에 치우치지 말고 둘을 적절히 섞어 활용하기 바란다.

◀ 감정적 설득 ▶

충실한 노예가 되자

언변력이 뛰어난 사람들은 대부분 경청의 중요성을 강조한다.

말하기 전에 상대의 이야기를 충분히 들어야 그들의 생각을 충분히 읽을 수 있고, 어느 부분을 설득해야 하는지 감이 오기 때문이다. 또한 자신과 전혀 다른 생각을 하는 상대와 자신의 일치점을 찾아내 공감대를 끌어내면 대화를 좀 더 부드럽게 풀 수 있다. 상대로 하여금 스스로 왕이 되었다는 느낌을 받을 정도로 충실하게 경청하자.

스토리텔러가 되자

남들이 모두 하는 구태의연한 이야기는 상대가 지루해하기 쉽고 집중력도 떨어트린다. 따라서 이야기를 만들어서 들려주면 좀 더 활기찬 대화를 나눌 수 있다. 그러기 위해서는 평소 책을 통해 이야깃거리를 많이 저장하고 뉴스를 통해 정보력을 확보해두면 이야기를 만드는 데 도움이 된다.

어려운 주제를 말할 때는 더더욱 상대의 수준에 맞는 이야기로 대화를 이끌어야 한다. 반대로 상대의 수준을 너무 낮게 보고 쉬운 이야기만 늘어놓으면 상대의 감정이 상할 수 있으므로 유의한다.

상대의 연인이 되자

대화를 할 때는 오직 상대에게만 집중해야 한다. 간혹 대화하며 전화를 받거나 개인 용무를 보는 사람들이 있는데, 그렇게 되면 분위기가 상당히 어수선해지고 예의 없는 사람으로 보일 수 있다. 연인들이 사랑을 속삭이듯 대화의 처음부터 끝까지 상대를 배려하고 상대로 하여금 진심이 느껴지도록 해야 한다.

◀ 이성적 설득 ▶

여러분의 목적을 분명히 하자

메시지를 정확하고 짧게 전달하는 것이 좋다. 지나치게 길게 이야기를 하면 여러분의 목직이 진혀 엉뚱한 방향으로 흐를 수도 있다.

화자는 말하는 목적을 분명하게 가지고 대화에 임하고, 사고의 초점이 흐트러지지 않도록 항상 긴장해야 한다.

적절한 어휘를 사용하자

자리에 어울리지 않는 말투는 대화의 분위기를 어색하게 만든다. 상황에 맞는 대화 스타일을 염두에 두고 상대의 성별, 직업, 관심사, 나이, 배경지식 등을 고려해 그것에 맞게 어휘와 말하는 테크닉을 달리해야 대화의 목적을 달성할 수 있다.

자신의 논리를 잃어서는 안 된다

논리력은 하루아침에 생기는 것이 아니다. 평소에 연습하는 것이 좋으며, 대화할 때는 머릿속에 하나의 이미지를 떠올리며 자신이 그려 놓은 논리 지도를 따라 대화에 임하는 것이 좋다. 그렇지 않으면 상대의 페이스에 휘말려 정작 자신이 하고 싶은 말을 할 수도 없고, 오히려 상대에게 설득을 당하기 때문이다.

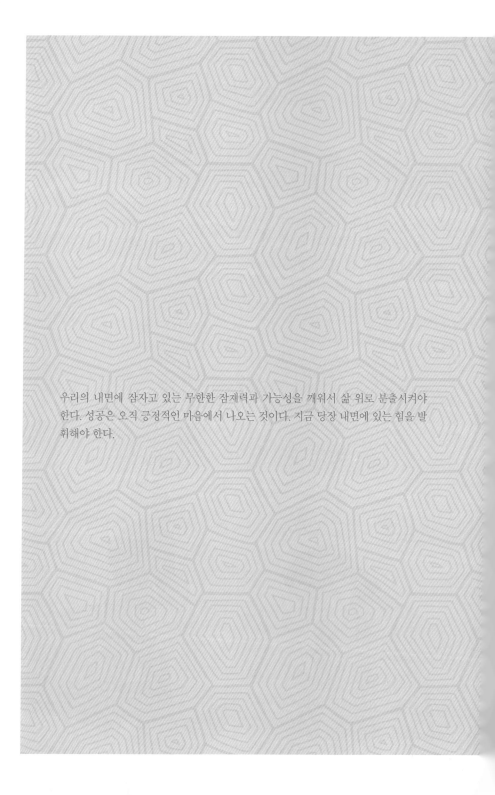

우리의 내면에 잠자고 있는 무한한 잠재력과 가능성을 깨워서 삶 위로 분출시켜야
한다. 성공은 오직 긍정적인 마음에서 나오는 것이다. 지금 당장 내면에 있는 힘을 발
휘해야 한다.

성공 소통

성공하려면 이렇게 말해라

COMMUNICATION SKILLS

말의 씨앗이 가진
잠재력

말은 자동차의 핸들과도 같다. 작고 약해 보이지만 핸들이 움직이는 방향대로 큰 차가 움직이듯, 사람도 작고 약한 혀가 말하는 대로 행동하고, 그 방향으로 인생이 진행된다. 성공을 말하면 성공이 현실이 되고, 행복을 말하면 행복이 현실이 된다. 그러나 반대로 아무 생각 없이 내뱉은 말이 어처구니없는 결과를 가져오기도 한다.

한 연구소의 조사결과에 따르면 자살한 청소년의 80% 이상이 부모에게 "너 같은 것은 필요 없어!"라는 말을 들었다고 한다.

이처럼 말은 생명력을 가지고 있다. 말이 운동력을 지녔다는 것은 곧 살아 움직이는 능력을 갖추고 있다는 뜻이다. 그래서 말은 살아 있는 힘이라고 한다.

◀ 말은 심은 대로 거둔다 ▶

곡식의 씨앗 자체만으로는 아무런 일도 일어나지 않는다.

씨앗은 땅과 만나면 놀랍게도 잘 자라서 열매를 맺는다.

씨앗이 땅에 떨어지는 순간부터 일을 시작하는 것처럼, 말은 입 밖으로 내뱉어지는 순간, 즉 표현되는 순간부터 일을 시작한다.

말은 씨앗과 같아서 입에서 나오는 말이 씨앗이 되어 그 열매를 먹고 살게 된다.

과일나무의 열매를 보자.

그 열매가 있기 전에 나무가 있고, 그 나무가 있기 전에 그 나무를 생산해낸 씨앗이 있었다. 그 씨앗이 바로 나무를 결정하고 열매를 맺는 것이다.

잡초의 씨앗이 떨어지면 그곳에 불필요한 풀이 자라고 만다. 반면, 길가에 코스모스의 씨앗이 떨어지면 아름다운 코스모스 길을 만들어내는 것이다.

이처럼 입에서 만드는 생산품이 바로 우리의 말이다.

우리는 날마다 우리 입을 통해 말을 생산하고 있다. 그러므로 우리가 하는 말은 씨앗과 같다.

씨앗은 생각 이상으로 힘이 세다.

도토리 한 알이 참나무를 만들고 결국, 거대한 숲을 만들어내는 것처럼, 그 씨앗 속에는 무한한 잠재력이 숨어 있다. 그리고 씨앗 속에는 특별한 성향이 있어 그 성향에 따라 열매를 맺는다. 그래서 악한 말을 하면 악한 열매를 맺고, 원망하는 말을 하면 원망의 열매를 맺는 것이다. 축복의 말을 하면 축복이, 선한 말을 하면 선한 열매를 맺을 수 있다.

아름답고 예쁜 말을 하면 그와 같은 열매를 맺는 것이다. 감사의 말을 하면 감사의 열매로, 칭찬의 말을 하면 칭찬의 열매를 생산해낸다.

그러므로 운명은 자신의 혀에 달려 있다. 씨앗의 성향과 같은 것이다. 그래서 긍정적인 말 한마디만 듣기만 해도 사람들에게 활기를 주고, 웃음을 주고, 넘치는 에너지를 준다. 반면, 부정적인 말은 떠올리기만 해도 사람을 화나게 하고, 불안하게 하고, 분위기를 어둡게 만든다. 분열과 전쟁을 일으키기도 한다. 결국, 습관적으로 하는 말이 자신의 운명을 결정하는 것이다.

말은 사람을 차별하거나 구분하지도 못한다.

어떤 사람이든지 빈부귀천을 막론하고 그 입에서 나오는 말에 따라 열매를 맺는다. 이는 말이 가진 법칙이기도 하다. 씨앗의 법칙처럼 말도 심은 대로 거두는 것이다.

말의 법칙을 통해 얼마든지 풍부한 삶을 창조할 수 있다.

긍정의 말을 잘 표현하면 우리네 삶도 풍요로워진다.

위대하고 강력한 말은 끊임없이 배우고 익히고 연마해야 한다.

기억하자! 말은 씨앗과 같아서 심은 대로 거둔다.

세 치 혀로
역사를 바꾸다

중국의 춘추전국시대에 뛰어난 말솜씨로 종횡가의 대가 자리에 오른 소진과 장의, 연횡의 책을 이용해 최초로 중국을 통일한 진시황, 홀로 오나라로 건너가 오직 말로써 그들을 동맹국으로 삼은 제갈량, 뛰어난 화술로 에스키모인에게 얼음을 판 세일즈 트레이너 톰 홉킨스, 이들은 모두 세 치 혀로 자신이 원하는 것을 이루었으며, 역사를 바꾼 인물이기도 하다.

자신에게 이득을 주는 사람을 끌어들이는 것도, 자신을 그럴듯하게 포장해 가치를 높이는 것도 바로 '세 치 혀'의 힘이다.

이 세상에는 다시 돌아오지 않는 세 가지가 있다.

지나간 기회, 시위를 떠난 화살, 그리고 입에서 나온 말이다. 그중에

175

서 가장 치명적인 것이 바로 말이다.

미국의 전 대통령 부시의 잦은 말실수로 부시즘(Bushism)이라는 신조어까지 생겨난 것처럼, 우리 국민들도 정치인들의 사려 깊지 못한 말 때문에 그들의 말에 노이로제가 걸려 있다.

이처럼 말 한마디의 영향력이 엄청나다는 것을 날마다 경험하면서도 말을 제대로 하는 사람이 드문 이유는 무엇일까?

인간은 적어도 수십만 가지의 언어를 사용한다.

일반적으로 남자가 하루 동안에 사용하는 말은 2만 5천 마디 정도이고, 여자는 3만 마디가 훨씬 넘으며, 하루에 사용한 말을 책으로 만들면 약 50페이지 정도가 된다고 한다.

문제는 우리가 어떤 말을 사용하느냐 하는 것이다.

우리가 매일 사용하는 말이 사람을 행복하게 하기도 하며, 불행하게 하기도 한다.

《탈무드》에 보면 "물고기가 언제나 입으로 낚이듯, 인간도 역시 입으로 걸린다."라는 말이 나온다. 《명심보감》에도 "입과 혀는 재앙과 근심의 문이요, 몸을 망치는 도끼이다."라는 말이 나온다.

말 한마디가 사람의 운명을 좌우할 수도 있기 때문에 무심코 던지는 말이라도 신중하게 해야 한다.

사람을 살리는
성공 화술

긍정적인 말 한마디가 지친 어깨를 일으켜 세워 우리를 다시 살맛 나게 한다. 전보다 훨씬 더 활기차게 그리고 생기를 불어넣기도 한다. 반면, 부정의 말 한마디가 벼랑 끝으로 밀어내기도 한다. 그러니 말 한 마디가 얼마나 중요한가!

필자의 세미나를 듣는 학생 중에 유명 감독의 어머니가 있었다. 그 는 〈시실리 2km〉라는 영화를 만든 신정원 감독의 어머니였다.

필자가 감독의 어머니에게 이렇게 물은 적이 있다.

"자녀분을 훌륭한 영화감독으로 성장시킨 비결이 무엇입니까?"

그러자 그 어머니의 대답에서 분명한 성공의 열쇠를 발견할 수 있 었다.

"저는 아이의 꿈을 믿었습니다. 초등학교 4학년 때 영화감독이 되고 싶다는 꿈을 들었을 때 외국 영화들을 모아서 수시로 보여주었고, 미리부터 '신 감독'이라고 불러주었죠. 그랬더니 친구들 사이에서도 '신 감독'이라고 불리더군요. '하면 된다, 가능성 있다, 반드시 해낼 수 있어, 더 잘할 수 있어.' 등 긍정적인 말을 열심히 해주었더니 결국 영화감독이 되더군요."

그를 부르는 희망의 호칭이 그의 별명이 되고, 결국은 꿈을 이루는 원동력이 된 것이다.

여러분도 삶 속에서 당장 이 원리를 적용해보자. 놀라운 결과를 얻게 될 것이다. 확신하고 긍정을 선물하자.

또 하나의 이야기가 있다.

지존파의 대부였던 남자가 법정에서 사형선고를 받았다. 그가 죽음을 앞두고 법정에서 마지막으로 한 말이 기억난다.

"17년 전 초등학교에 다닐 때, 미술 시간에 크레파스를 가지고 오지 않았다고 선생님께 호되게 꾸지람을 들었습니다. 그 당시 너무나 가난해서 크레파스 살 돈이 없었는데 저는 그 말을 차마 할 수가 없었습니다. 그때 선생님이 '너는 왜 말을 듣지 않느냐.'라고 하시면서 화를 내며 체벌하셨습니다. 나중에는 '이 녀석아, 훔쳐서라도 가져와야 할 것 아니냐? 준비물을 왜 안 가져왔느냐?'라고 하셨습니다. 그때부터 저는 빗나가기 시작했습니다. 선생님의 말씀 한마디가 제 인생을 바꿔놓았습니다. 저는 그때부터 물건을 훔치기 시작했고, 훔치는 것이

재미있었습니다. 없으면 훔쳐도 되는 줄 알았습니다."

　누군가에게 의미 없이 던진 말 한마디가 이런 무서운 결과를 가져
온다는 것을 항상 명심해야 한다. 결국 말은 생각을 형성하고 그 생각
은 행동을 결정하며 나중에는 인생의 결과를 낳는다.

마음을 열어주는 말 한마디

- 언어에 믿음의 확신을 담자.
- 사랑의 감정을 담아 표현하자.
- 구체적으로 표현하자.
- 상대방의 언어를 경청하고 그의 언어로 표현하자.
- 상황과 환경에 맞는 적절한 말을 사용하자.
- 적절한 때에 표현하자.
- 한 가지 주제에 초점을 맞추되 다양한 방법으로 표현
  하자.
- 상대방의 반응을 살피며 표현하자.
- 표현을 잘하는 사람에게 배우자.
- 적합한 표현법을 익히자.

독(毒)이 되는
실패 화술

사람들이 가장 듣기 싫어하는 말은 어떤 것일까? 반대로 가장 듣고 싶어 하는 말은 어떤 것일까?

먼저 가장 듣기 싫어하는 말은 누군가를 비판하며 비방하는 말이다. 거짓말도 포함될 것이다. 그리고 더럽고 추하며 누군가를 원망하고 욕하는 말이다. 또한 남들과 비교하는 말도 있다.

반대로 사람들이 가장 듣고 싶은 말은 겸손한 말이고 감사하는 말이다. 선한 말, 사랑의 말, 감사의 말, 인정하고 칭찬하는 말이다.

그러나 사람들이 독이 되는 말을 더 많이 사용하는 게 문제다. 그것도 남을 파괴하고 죽이는 말, 상처 주는 말만 골라서 아주 쉽게 사용한다는 데에서 문제가 발생한다.

◀ 목구멍은 열린 무덤이다 ▶

사람의 입에는 독(毒)이 가득 차 있다. 독이 되는 말을 가지고 있다는 말이다. 즉 사용해서는 안 되는 독약을 사용한다.

성경에 "그들의 목구멍은 열린 무덤이요, 그 혀로는 속임을 일삼으며 그 입술에는 독사의 독이 있고 그 입에는 저주와 악독이 가득하고"라는 말이 있다.

이 말을 이해하기 위해서는 먼저 당시 나라의 문화적 배경을 알아야 한다.

고대 유대인들은 동굴을 파서 무덤을 만들고, 그 안에 조상들의 시신을 안치했다. 그리고 동굴 입구에 큰 바위를 문처럼 닫아 놓았다. 그러니 그 돌무덤의 문을 연다면 그 안에서 송장 썩는 냄새가 날 것이다.

'목구멍은 열린 무덤'이라는 말은 우리의 부정적인 입을 말하는 것이다.

가만히 생각해보면 우리는 좋은 말보다 나쁜 말에 익숙해져 있다. 입만 벌리면 부정적인 말, 음담패설, 험담, 저주의 말, 더러운 이야기, 미움의 말, 상처 주는 말이 마치 동굴 무덤가에서 나오는 악취처럼 나온다.

사람들은 덕(德)이 되는 이야기나 좋은 이야기, 아름답고 예쁜 말보다는 몹쓸 이야기나 수치스러운 이야기 또는 남을 헐뜯고 비방하는 말을 더 좋아한다. 그런데 이런 사람의 목구멍은 열린 무덤처럼 악취가 난다.

독사의 독만 무서운 것이 아니다. 오히려 사람의 입에서 나오는 독이 더 무섭다. 그것은 사람을 죽이기도 하기 때문이다.

◀ 사람의 침이 황소도 쓰러트린다 ▶

입안에 사람을 죽게 하는 독이 있다는 사실을 한시도 잊어서는 안 된다.

이 사실을 모르는 부모들은 자녀들을 쉽게 비난한다. 자신도 모르게 자녀에게 독한 말을 마구 내뱉는다. 아주 사소한 잘못을 해도 다른 사람과 비교하면서 비방하기도 한다. 그것은 자녀를 저주하고 독사에게 사로잡히도록 허락하는 것과 같다. 즉 비난하는 부모 밑에서 성장한 자녀는 영혼이 눌리고 무기력해져서 자신의 재능을 발휘하지 못하게 된다. 그리고 자신의 꿈이나 끼를 마음껏 발휘하기가 대단히 힘들다.

모든 비판과 비난의 말은 사람들의 영혼을 죽이는 말이다. 이는 영

혼을 파기하며 가정을 허물고 평화를 깨고 만다.

우리는 사랑과 격려와 축복의 사람이 되어야 한다. 그리고 생명을 살리는 말과 용기를 북돋아주고 희망을 나누는 말을 해야 한다. 인정해주고 칭찬하는 말을 아끼지 말아야 한다.

모든 싸움, 분열, 다툼, 전쟁의 근원을 따져보면 모두 말에서 시작된다.

혹자가 말한 바로는, 사람이 격분해서 독이 올라 악을 쓰고 욕을 할 때면 사람의 입에 독이 가득 찬다고 한다. 그 사람의 입에서 거품이 나올 때, 침을 채취해 주사하면 황소도 능히 죽일 수 있다고 했다. 그만큼 사람의 입에서 나오는 독이 무섭다는 뜻이다. 따라서 입에서 내뱉는 말은 자연과 동물, 환경, 그리고 사람에게 놀라운 영향력을 발휘한다.

그러므로 좋은 말은 좋은 결과로, 나쁜 말은 나쁜 결과로 나타난다.

어느 해, 논바닥이 거북이 등처럼 갈라질 정도로 가뭄이 심했는데,

그런 때는 보통 도랑에 흐르는 물을 조금이라도 자기 논에 대려고 한다. 가뭄이 들면 치열한 물싸움이 시작되고 형제나 이웃 간에도 안면 몰수하기 일쑤였다.

그런데 한번은 누군가가 모처럼 자기 논에 물을 대놓았는데, 밤 사이에 다른 사람이 자기 논으로 물길을 돌려놓은 것이다.

논 주인들은 물불 안 가리고 뒤엉켜 싸웠는데 그때 누군가가 "이놈의 자식, 죽여버린다!" 하고 위협을 했는데 다음 날 보니 상대방이 진짜 죽었다는 것이다.

황당한 이야기 같지만, 실제로 있었던 이야기다. 눈에 보이지 않는 독이 한 사람을 죽음으로 내몬 것이다.

사람은 굶주린 사자처럼 사소한 것 때문에도 서로를 죽이기도 하고 죽임을 당하기도 한다. 사람을 살리는 것보다 죽이는 일에 혈안이 되어 있는 것 같다.

이처럼 독이 되는 말은 우리를 분열시키고 세상을 파괴하며, 행복을 시기하고 우리를 멸망으로 이끈다. 그러므로 절대 긍정적인 말로 승리하는 삶을 살아야 할 것이다.

성공을 부르는
긍정적 사고

우리의 부정적인 말이나 사고는 뇌의 자율신경계가 곧바로 신체 안에서 반응을 보인다.

부정적인 것에 대해서는 몸에 해가 되는 '노르아드레날린'이라는 호르몬이 나온다. 생명을 위협받거나 분노할 때 노르아드레날린이 빠르게 분출되고 심장박동이 빨라지며, 혈압이 높아진 상태에서 부신피질이 증가하면서 전력을 다해 도망치는 태도를 보인다.

이렇게 위험을 알리는 신호가 몸 안에 울리면 노르아드레날린을 분비하기 시작한다. 그리하여 욕을 하면 우리 몸 안에 독성 물질이 생기게 된다.

이 노르아드레날린은 노화를 촉진하고 암을 유발한다. 그러므로 할 수만 있다면 늘 긍정적인 생각과 말을 하며 살아야 한다. 반대로 누군가를 축복하고 칭찬하면, 긍정의 사고는 다시 본인에게 돌아간다. 그래서 뇌의 자율신경계는 몸에 엔도르핀, 뇌네 몰핀을 분비시킨다. 즉 긍정적인 사고와 말은 건강 물질을 분비한다.

노스개롤라니아 대학교 심리학과의 바버라 프레드릭슨 교수는 "우리의 몸과 마음에는 어떤 영향이 있을까?"에 대해 10년이 넘게 연구에 매진한 사람이다.

그는 분노나 스트레스처럼 부정적인 감정이 즉각적인 반응을 이끌어내는 것과는 달리, 긍정적인 감정은 서서히 시작되어 오랫동안 지속한다는 결론을 내렸다.

"부정적인 감정은 집중을 방해하고, '어서 여기서 벗어나야지.' 하는 생각을 하게 합니다. 신체가 혈류를 역류시켜 큰 근육으로 피가 몰려들고 뛸 준비를 하는 것이죠. 위험에서 벗어났다고 판단되면 다시 평상시로 돌아가죠. 이때 회귀를 돕는 것이 바로 긍정적인 감정입니다."

즉 긍정적인 감정은 내부로부터 긍정적인 힘을 이끌어주는 통로다.

그 통로를 통해 온갖 스트레스를 해소하고 긍정적인 삶의 동력을 채워주는 것이다.

◀ 긍정과 부정의 통로 ▶

부정적인 생각은 자기 자신의 존재와 가치를 신뢰하지 않도록 만든다. 이는 무엇을 하든지 부정적인 사고와 행동을 유발한다. 그래서 이러한 사고에 빠진 사람은 자신에게 문제 해결의 열쇠가 없다고 믿고, 마치 그것이 자신의 운명이라고 단정 짓는다. 일상생활에서 힘들고 어려운 처지를 당하면 얼마든지 해결 가능한 문제임에도 불구하고 자신도 모르는 사이에 주위 사람들에게 "힘들다, 어렵다, 안 된다, 불가능하다."는 부정적인 말만 하게 된다.

이처럼 부정적으로 말하는 습관을 지니고 있다면, 자신도 모르는 사이에 부정적인 잠재의식에 빠지게 되고 모든 일에 대해 두려움이 싹트기 시작한다. 급기야 부정적 사고의 위력은 실제 생활에서도 그대로 나타나게 된다.

그러나 긍정적인 생각의 위력은 창조적이고 생산적인 결과로 되돌아온다.

따라서 우리의 내면에 잠자고 있는 무한한 잠재력과 가능성을 깨워서 삶 위로 분출시켜야 한다.

성공은 오직 긍정적인 마음에서부터 오는 것이다.

지금 당장 자신의 내면에 있는 힘을 발휘하자!

입을 열어 긍정의 열정을 뿜어내자!

긍정의 생각에서 나오는 힘으로 지배하고 통제하자.

우울증 환자가 있다고 하자. 어떻게 하면 그를 치유할 수 있을까?

그는 무엇보다도 진심 어린 용서와 사랑의 말을 통해서만 몸과 마음이 회복될 수 있다. 용서란 단순히 말을 뱉는 데서 그치는 것이 아니라, 기존의 생각이나 감정을 지워버리고 그 자리에 더 나은 것을 부여하는 것이다. 마음에 공간을 만들어 더 나은 것이 들어올 수 있는 통로를 열어주는 것이다.

가령 반감을 품고 있거나 사이가 좋지 못한 관계, 부당하게 누군가를 비난했거나 누군가와 지나친 언쟁을 벌였을 때, 법적으로 분쟁을 벌이고 있거나 과거의 실수를 실패로 자책하고 있다면 '용서'라는 아름다운 감정으로 이를 해결해보는 것은 어떨까?

감사와 사랑의 마음은 무엇이든 녹여버리는 힘을 지니고 있다. 미워했던 마음에 진정으로 용서를 구하자!

용서는 성공과 능력이 들어올 공간을 마련해주는 능력을 지니고 있다. 그러기 위해서는 반드시 매사를 긍정적으로 생각하고 말하는 습관을 지녀야 한다.

에베레스트는
더 이상 자라지 않는다

여러분의 언어가 미래를 좌우한다면 여러분은 어떻게 말을 할 것인가?

아마도 무척 신중하고 조심스럽게 말할 것이다.

그렇다!

말로 표현되는 순간부터 내 운명이 달라지기 시작하는 것이다.

아이젠 박사는 사람들이 긍정적인 감정상태일 때 남을 돕고자 하는 경향이 현저히 증가하며, 다른 사람을 돕는 행위 자체가 사람을 행복하게 한다는 사실을 밝혀냈다. 한마디로 긍정적인 마음으로 남을 도우면 행복해지고, 그런 행복감에 또다시 남을 돕겠다는 마음을 갖게 된다는 것이다.

긍정적인 사람들은 주변 사람들이 행복해지도록 영감을 불러일으킨다. 그러므로 한 집단의 리더의 마음 상태가 중요한 것이다. 리더가 긍정적인 마음을 가지고 주변 사람을 북돋아 준다면 그 사람은 행복을 전하는 사람이다.

긍정의 말과 희망을 주는 말은 아무리 남용하고 주변 사람들에게 나누어주어도 결코 줄어드는 법이 없는 무한 에너지다. 그리고 긍정의 말은 저절로 퍼져나가 주위 사람들을 행복으로 물들이는 향기다.

아울러 인생의 새로운 국면을 여는 기분 좋은 일들은 항상 긍정적인 태도에서 시작된다.

아이젠 박사는 "사람은 긍정적인 감정상태일 때 더욱 창의적인 생각을 하는 경향이 있다."는 사실을 밝혀냈다.

긍정적인 사람들이 생각도 더 잘한다는 것이다.

지금으로부터 반세기 전의 일이다.

1953년 5월 29일 11시 30분, 뉴질랜드의 등산가 에드먼드 힐러리가 세계 최초로 에베레스트산 8,848m 정상에 섰다.

그는 10년간 여러 번 실패한 끝에 결국 성공을 맞이했다.

어떤 이에게 에베레스트는 10년간의 도전에도 실패의 쓴맛을 주고 죽음의 비극까지 몰고 간 산이었다.

에드먼드 힐러리는 끊임없는 도전을 각오하고 실패할 때마다 산을 향해 이렇게 말했다고 한다.

"에베레스트산은 더는 자라지 못한다! 그러나 나는 자랄 것이다. 반드시 나는 다시 돌아와서, 더 나은 실력으로 너를 반드시 정복할 것이다."

높은 산은 늘 그대로 그 자리에 있다. 자랄 수가 없다.

힐러리는 자신의 성장 가능성을 스스로 믿으며 도전에 도전을 거듭했다. 강한 신념으로 기술을 개발하고, 체력을 더욱 보강해서 더 자라고 성장한 다음에, 언제나 산에 다시 올랐다.

이처럼 아무리 높은 산이라도 의지를 갖춘 사람에게는 기필코 정복될 수밖에 없다. 결국 믿음의 말대로 이루어진 것이다.

우리에게도 이 위대한 말의 능력이 있으며, 스스로 어떻게 사용하느냐에 따라 삶도 달라진다.

◀ 성공하는 사람들의 말투 ▶

성공하는 사람들을 유심히 살펴보면 말투부터 다르다.

미국의 교도소 재소자 중 90%가 성장하는 동안 부모로부터 "너 같은 녀석은 결국 교도소에 갈 거야!"라는 말을 들었다는 기사를 읽은 적이 있다.

말이 그대로 이루어진 셈이다. 그러므로 우리는 늘 희망적인 말을 습관화해야 한다. 절대 죽이는 말이나 부정적인 말을 해서는 안 된다.

타인에게는 물론이고 자기 자신에게도 긍정적인 말을 아껴서는 안 된다.

"나는 복 받은 사람이다, 나로 인해 다른 사람이 축복을 받게 된다, 난 소중한 사람이다, 난 잘할 수 있다, 난 건강하다." 하고 외쳐보자.

그 사람이 쓰는 말을 보면, 그 사람의 미래가 보인다. 그 말들의 씨앗대로 열매가 맺기 때문이다. 그래서 성공한 사람들의 말투를 분석해보면, 하나같이 긍정적이고 생산적인 말을 한다는 것이다. 더 나아가 그들은 희망의 말을 나누고 있다. 무엇보다도 '할 수 있다'는 희망의 말, 가능의 말을 사용한다.

말솜씨가 좋아지기 위한 5가지

1 **독창성** | 주제를 인식하고 새로움을 인식하자.
2 **분류** | 도입, 전개, 논쟁, 결론을 만들자.
3 **문제** | 웅변술을 익히자.
4 **기억** | 내용 중 핵심을 기억하자.
5 **행동** | 몸짓과 움직임을 통해 말하자.

나를 최고로 만드는
말 한마디

놀랍게도 우리가 사용하는 말에는 여러 가지 능력이 있는데, 그중에서 크게 중요한 세 가지의 능력이 있다.

바로 각인력, 견인력, 성취력이다.

말은 뇌에 각인되어 신체에 영향력을 행사하고 실제로 성취된다는 뜻이다.

어느 대뇌학자는 뇌세포의 98%가 말의 지배를 받는다고 발표했다.

프랑스의 약사였던 에밀 쿠에는 말의 각인력을 알고 있었기에 환자들에게 다음과 같이 반복해서 말하라고 권했다.

"나는 매일 모든 면에서 점점 나아지고 있다!"

말의 각인력을 통해 얼마든지 환자들의 몸과 마음을 치료할 수 있다는 원리다.

　말은 행동을 유발하는 힘을 지니고 있다. 이는 우리가 말을 하면 그 것이 뇌에 박히고, 뇌는 척추를 지배하고, 척추는 행동을 지배하기 때문에 자신이 말하는 것이 뇌에 전달되어 자기 행동을 이끌게 된다는 이치다. 그래서 우리가 어려운 문제 앞에서 "할 수 있다."고 말하면 할 수 있게 되고, "할 수 없다."고 말하면 할 수 없게 되는 것이다. 그러므로 우리는 항상 적극적이고 긍정적인 말을 해야 한다. 왜냐하면 말은 내뱉은 대로 끌어당기는 힘을 지니고 있기 때문이다.

　그리고 말에는 성취력이 있으므로 말은 반드시 세운 목표를 달성하게 한다.

　어느 젊은 청년이 노만 빈센트 필 박사에게 찾아와서 이렇게 물었다.

　"박사님, 어떻게 하면 세일즈를 잘할 수 있을까요?"

　그때 노만 빈센트 필 박사가 조그만 카드를 꺼내더니 그 청년에게 자기가 하는 말을 받아 적으라고 했다.

　"나는 훌륭한 세일즈맨이다. 나는 세일즈 전문가다. 나는 모든 준비가 되어 있다. 나는 프로다. 나는 내가 만나는 고객을 나의 친구로 만든다. 나는 즉시 행동한다."

　필 박사는 청년에게 그 카드를 갖고 다니면서 되풀이해 읽도록 했다.

　청년은 박사의 말대로 고객을 방문하기 전에 그것을 몇 번씩 되풀이해 읽으면서 자기 자신에게 다짐했다. 그런데 그렇게 반복하는 동안 청년에게 기적이 일어났다. 자신에 대한 긍정적인 말이 그 청년을 유능한 세일즈맨으로 바꿔버린 것이다.

이렇게 긍정의 말은 자신을 자기 분야의 최고로 만들어준다.

이제 여러분도 사람을 만나면 무조건 긍정적으로 축복을 빌어주도록 하자. 행복과 평안을 빌어주고 위로하자. 그리고 칭찬하자.

위대한 말은 돈 안 들이고 살 수 있는 성공의 무기이며, 용기와 자신감을 불어넣어 줄 수 있는 최고의 선물이다.

미국의 외과의사인 데이비드 알만은 말 훈련이 정신과 육체의 건강에 미치는 이득에 대해 다음과 같이 말했다.

"말의 결과는 어떤 약국에서도 약을 지을 수 없다!"

그는 말을 통해 자신감을 느끼게 되고, 포용력과 인격의 향상을 가져온다고 말했다. 그리고 정신적 건강뿐 아니라 육체적인 기분도 좋아진다는 것을 밝혔다.

최근 각 분야의 상담학과 내적 치료, 정신치료 분야에서 말은 영적, 정신적, 육체적, 그리고 심리적인 모든 분야의 문제까지 돌보고 치료한다는 실험결과들을 내놓고 있으며, 이미 치료의 결과들을 얻고 있다.

말의 위력을 체험하자

• 하루의 시작을 "감사합니다.", "고맙습니다."로 시작
  하고, 어떤 상황에서도 항상 감사한 마음을 잊지 않는

다. 그러면 하루가 강력하게 고마운 일로 창조하게 될 것이다. 분명 풍성한 행복 충만의 법칙이 적용될 것이다.

- 모든 부정적인 생각과 감정은 여러분에게 좋은 것을 오지 못하게 막는 요인이다. 그러므로 결핍이나 부정의 생각이 아니라 넉넉함, 풍요와 수확을 더 많이 생각하자.

- 원하는 것을 볼 때마다 가능함을 말하자. 할 수 있다는 자신감을 선포하자. 내가 내뱉은 대로 이루어지기 때문이다.

당신은 정말 대단해요

미국의 36대 대통령이었던 린드 존슨 대통령은 96킬로그램이 넘는 몸무게 때문에 늘 고민이었다. 체중 감량을 위해 몇 번이나 노력했으나 실패하다가 아내의 말 한마디에 재도전한 끝에 성공할 수 있었다.

그의 아내는 "만일 당신이 자신을 조절할 수 없다면 국가도 경영할 수 없을 것이다."라고 말했다.

존슨은 이 말을 마음 깊이 새기고 노력한 결과 다이어트에 성공했다고 한다.

이처럼 모든 말은 힘을 지니고 있다.

긍정적이고 위로를 주는 말은 그것을 듣는 이로 하여금 힘과 위로를 얻게 한다. 반면, 부정적이고 모욕적인 말은 상대방으로 하여금 의지를 꺾고, 그 사람의 장래를 어둡게 만들고 만다.

존 F. 케네디 대통령 역시 많은 사람에게 꿈과 희망을 주는 연설을 했다. 특히나 그의 말은 당시 젊은이들을 열광시키기에 충분했다.

"나라가 그대를 위해 무언가 해주기를 요구하지 말고, 그대가 나라를 위해 무엇을 할 수 있을지 생각해보라."

이처럼 말 한마디는 큰 희망을 품게 한다. 심지어 무생물에도 영향을 준다.

일본의 한 연구가가 말 한마디의 효력을 알아보고자 '밥'을 가지고 실험하였다.

그는 밥을 두 개의 똑같은 유리병 속에 넣고, 한쪽에는 '감사합니다'라는 글씨를 써 붙이고, 다른 하나에는 '망할 자식'이라는 글씨를 써 붙였다고 한다. 그런 다음에 날마다 초등학생들에게 그 글귀를 각각 병에 대고 읽게 하였다. 그런데 한 달이 지난 후 놀라운 기적이 일어났다.

'감사합니다'라는 글씨를 붙인 밥은 발효되어 향기로운 누룩 냄새가 나고 있었던 반면, '망할 자식'이라는 글씨를 붙은 밥은 형편없이 부패하여 악취를 풍기고 있었다.

다른 사람의 말을 듣고 자신의 삶을 바꾼 사람도 있다.

아홉 살 소년이 우물가를 지나가다 물 긷는 여인들로부터 충격적인 말을 들은 것이었다.

"저 애는 참 못생겼다. 얼굴은 홀쭉하고 눈은 왜 저렇게 움푹 팼을까."

그 말을 들은 소년은 그날부터 외모에 대한 자신감을 잃고, 극심한 콤플렉스에 빠지게 되었다. 우물가에서 물을 뜨던 여인들이 실없이 던진 한마디의 말이 가슴에 상처로 남은 것이다.

외모와 달리 머리가 명석했던 소년은 어느새 청년이 되어 미국의 프린스턴 대학으로 유학을 가게 되었다.

6년이 지나도록 박사학위를 받지 못하고 있던 어느 날 미국 여성이 그에게 이렇게 말했다.

"당신처럼 잘생긴 동양 학생은 처음이에요."

이 말에 자신감을 회복한 그는 열심히 공부해 곧 박사학위를 받았다.

그 소년이 바로 유명한 문익환 목사와 형제지간인 문동환 박사다. 이처럼 작은 칭찬 한마디가 인생의 성공을 좌우한다.

◀◀ 좋은 말만 써도 모자란 시간 ▶

오늘 하루라도 맑고 향기로운 말만 써보자.

세상에는 아름다운 말들이 얼마든지 많다. 너무 많아서 미처 다 쓰지도 못하고 죽게 될지도 모르는데, 굳이 나쁜 말을 써야 할 이유가 있을까?

가족들과 함께 '좋은 말 사용하는 날'을 만들어 그날만큼은 서로에게 용기를 주고 행복을 선사하는 날로 만들어보자. 그러면 가족 사이가 더욱 돈독해질 것이고, 가정에 평화가 넘치고 바깥일도 두루 잘될 것이다.

> *사랑, 용기, 멋지다, 감사하다, 예쁘다, 고맙다, 살아 있다, 성취하다, 이기다, 행복, 믿음, 친구, 신뢰, 열광, 승리, 안전하다, 축복하다, 치유하다, 지지하다, 탁월하다, 포옹, 천국, 돕다, 미소, 희망, 편안함, 튼튼하다, 칭찬, 아름다움, 웃다, 재밌다, 축하하다, 용서하다.*

긍정적인 단어는 듣기만 해도 사람들에게 활기를 주고, 웃음을 주고, 넘치는 에너지를 준다.

비즈니스에서는 소비자를 끌어당기는 힘을 지니고, 가정에서는 구성원들을 하나로 묶어준다. 반면 부정적인 단어는 떠올리기만 해도 사람들을 화나게 하고, 불안하게 하고, 분위기마저 어둡게 만든다.

국립노화연구소에서도 말이 신체 건강에 영향을 미친다는 사실을 밝혔다.

60세가 넘는 노인들에게 각각 상반된 뜻의 말을 건넸을 때 나타나는 반응에 대해 살펴보았다.

먼저 "할아버지 노망났어?" 혹은 "에이, 인제 다 늙어 빠졌네." 등처럼 기억력이 떨어지고 늙은 것을 희화시켜 말하거나 통증이나 고통에 대해 규칙적으로 말하자, 신체적으로나 심리적으로 매우 불쾌한 반응을 보였다고 한다. 또 혈압이 오르고 피부가 붉으락푸르락하며 신경질적인 반응을 자주 나타냈다.

반면 "당신은 정말 사려가 깊군요." 혹은 "정말 현명하세요." 등의 말을 하자 결과가 사뭇 달라졌다.

농담할 때도 '느린', '늙은', '상실한', '시든', '구닥다리' 등의 부정적인 단어를 사용하지 않도록 했다.

실험결과에 따르면, 노인들이 건강하게 오래 살기 위해서는 긍정적인 영향을 줄 수 있는 말을 사용해야 한다고 한다.

"교양 있는, 활동적인, 친절한, 즐거움을 사랑하는, 분별력이 있는, 가치 있는, 경험이 많은" 등의 말을 충분히 전달해야 한다.

"이렇게 바보 같아서 뭐 하나라도 제대로 하겠니?"

당시에는 별 뜻 없이 던진 말이라도 이는 굉장한 힘을 가질 수 있고, 메아리가 되어 오랫동안 우리를 괴롭힐지도 모른다.

조심성 없이 뱉는 말이나 감정적인 상태에서 던지는 말은 상대방에게 오랫동안 영향을 미칠 수 있다.

말은 사람을 행복하게 하고 불행하게도 한다.

지금 여러분은 어떻게 되기를 원하는가?

부메랑 효과

한 연구팀에서 청소년 자원봉사자들을 뽑아 봉사자들이 올 때마다 감사인사가 쓰여 있는 메모를 전달하도록 했다고 한다. 그런데 이 메모를 주면 그 다음 주 참석률이 80%를 넘었고, 메모를 주지 않으면 참석률이 50% 이하로 떨어졌다.

감사인사를 받으면 그 마음에 보답하기 위해 더욱 노력하기 때문에 참석률이 더 높아진 것이다.

한편 식당에서도 계산서에 '감사합니다'라는 메모를 손님에게 준 종업원이 그냥 계산서만 전달한 종업원에 비해 평균 11%나 팁을 더 많이 받는 것으로 나타났다.

"한번 쏟은 말은 다시 주워 담을 수 없다."라는 말이 있다.

정확히 옳은 말이다.

이미 내뱉어진 말은 후회해도 되돌릴 수 없다. 상대를 배려하지 않은 막말은 어디서든 환영받지 못한다.

미국의 대통령이었던 빌 클린턴 역시 연설의 대가임에도 불구하고 5분 스피치를 위해 10시간 이상을 준비하는 연습벌레로 유명하다. 말의 중요성을 알고 그것을 잘 활용했기 때문에 말로써 사람들의 지지를 이끌어낼 수 있었다.

말에는 무서운 힘이 있기 때문에 함부로 말하면 안 된다. 특히 대화할 때 자주 등장하는 호칭을 잘 써야 한다. 그러므로 상대의 이름이나 호칭을 정확하고 사랑스러운 마음으로 불러야 한다. 이름을 많이 부르면 부를수록 더 잘된다는 말이 있다.

우리가 하는 말에는 육안으로는 보이지 않는 파장이 나와 흐른다. 그래서 어떤 말은 플러스로 작용하고 어떤 말은 마이너스로 작용한다. 따라서 말은 어떻게 쓰느냐에 따라 힘이 되기도 하고 독이 되기도 한다.

◀ 살아 있는 말 ▶

말은 허상이 아니며 살아 있다. 그래서 그것은 실체가 있는 생명체다.

우리 자신이 생각한 바를 바깥으로 내보내면 그 말은 곧바로 다른 사람의 몸속으로 들어간다. 그리고 그 사람을 희망적이고, 행복하고, 높은 에너지를 갖도록 만들거나, 때로 우울하고, 못마땅하고, 아프게 만들기도 한다.

놀라운 사실은 자신이 내뱉은 말이 부메랑이 되어 자신에게 돌아온다는 점이다.

상대를 칭찬하면 그 기쁨이 두 배가 된다. 이때 두 배로 커진 상대의 기쁜 마음이 더욱 부풀어 올라 다시 자신에게 돌아온다.

그 말이 축복의 말이든 저주의 말이든 내가 말한 것보다 한층 커진 눈덩이가 되어 온다는 것을 명심하자.

어느 집에 들어가든지 사람을 보면 먼저 축복을 빌어주는 말로 시작하라는 말이 있다.

아름다운 말은 아름다운 열매로 맺혀 내 앞에 떨어지고, 나쁜 말을 하면 그 또한 아무도 먹지 못하는 썩은 열매가 되어 돌아온다. 이처럼 말에는 놀라운 부메랑의 원리가 있다.

자신이 내뱉은 말은 사라지거나 소멸되지 않는다. 주변을 맴돌면서 끊임없이 자기 자신을 지배하려고 든다.

모든 말은 법칙에 따라서 이루어진다. 말을 하면 뇌가 그 말을 받아들이고, 받아들인 말은 우리 뇌의 자율신경을 반응하게 한다. 즉 뇌가 어떤 말을 들으면 자동으로 그 말에 따라서 자율신경이 작동한다.

그런데 놀라운 것은 말에 따라 움직이는 뇌의 자율신경이 주어와

동사를 구분하지 못한다는 사실이다. 즉 자타의 구별을 하지 못한다. 그래서 누가 부정적인 말을 하면 동사만 받아들여 반응하고 작용된다.

예를 들어 누구에게 나쁜 말을 했다고 가정해보자.

"저 홍길동 길 가다가 넘어져 버려라!"

그러면 뇌의 언어 신경계는 말의 사실 여부나 주어에 상관없이 해당동사만 그에 해당하는 사람이나 환경에 그대로 적용된다. 누군가에게 "홍길동 씨는 참 훌륭합니다."라고 칭찬하면 자율신경계는 '훌륭하다'는 말만 받아들여 유쾌한 상태가 되며, 그 말에 어울리는 행동을 하게 된다.

반대로 미움의 말, 독한 말, 파괴의 말, 저주의 말, 상처 주는 말, 그리고 부정적인 말을 하면 상대뿐만 아니라 자신에게도 영향을 준다. 그러나 사랑의 말, 축복의 말, 긍정의 말, 창조의 말, 희망의 말을 쓰는 사람의 미래는 밝을 수밖에 없다. 말이 먼저 가서 성공의 길을 열어놓기 때문이다.

말은 생각과 행동을 동시에 불러일으키고, 감정과 지력을 동시에 자극한다. 성공과 인간관계, 삶의 질에 이르기까지 거의 모든 것이 대화 능력에 달려 있다는 놀라운 사실을 항상 기억하기 바란다. 규칙과 원리를 참고하여 언어의 힘을 마음껏 발휘하자.

LESSON 04

테크닉 소통

나만의 화술 테크닉을 만들어라

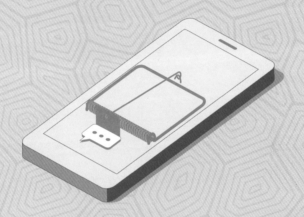

COMMUNICATION SKILLS

자신의 꿈을
소리 내서 말해라

성공한 사람들은 대개 비전을 품고 그 꿈을 향해 발 벗고 나선다.

여러분도 믿음을 가지고 매일 의도적으로 원하는 목표(꿈)를 자신 있게 다짐하고 선언하자. 사람들 앞에 당당하게 말하자. 그러면 그것이 곧 현실이 된다.

성공하기 위한 제1요소가 죽도록 일하는 거로 생각해서는 안 된다.

할 수 있다는 확고한 비전을 갖고 출발하는 것이 성공을 위한 첫걸음이다. 아무 생각 없이 일에 중독된 사람은 통장 잔액만 늘 뿐, 언젠가 한계를 만나 지난 세월을 후회하게 된다.

우리는 먼저 꿈을 가져야 한다. 생생하고 구체적인 꿈만이 우리를 행복하게 해준다.

◀ 꿈을 찾아가는 로드맵 ▶

꿈은 가만히 있으면 이루어지는 것이 아니다. 분명한 계획을 세우고 그것을 단계적으로 실천할 때 가까이 갈 수 있다.

자, 그럼 꿈을 찾아가는 나만의 로드맵을 그려보자.

첫 번째, 자신이 이루고자 하는 분명한 꿈을 품었다면 그 꿈을 상세하게 글로 적어보자.

두 번째, 성공하겠다는 구호를 크게 외친다. 수시로 강하고 담대하게 각오하고 소리 내어 다짐하는 것이다.

세 번째, 자신의 꿈이 이루어진 모습을 생생하게 그린다. 목표가 이루어진 것을 시각화하면 그 이미지가 반드시 현실이 된다.

네 번째, 이제 비전대로 되라고 명령한다. 명령한다는 것은 확신과 자신감을 가지라는 말이다. 그것은 말로 표현되는 능력이다. 당당하게 사람들에게 자신의 꿈을 자랑할 수 있게 되고, 꿈이 현실화될 것을 믿고 과감하게 명령하고 말하자. 그리고 수시로 떠벌리자.

희망은 그저 바람이다. 소원하는 것이다.

확고한 비전은 나를 행동하게 하고 열정을 지탱해 준다. 그리고 성공과 부를 불러오는 강력한 힘이다. 그것을 이루는 수단이 바로 말이라는 도구다.

빛나는 상상력으로 꿈을 이뤄낸 스티븐 스필버그 감독은 이렇게 말했다.

"나는 열두 살 때 영화감독이 되기로 마음먹었다. 단순히 소망한 것이 아니다. 나는 꿈을 분명하게 그렸다. 그리고 실제로 영화감독이 되었다."

피카소도 기나긴 시간 동안 무명시절을 보냈다고 한다. 그러나 그는 절대 좌절하지 않았다. 그의 마음속에는 언제나 세계적인 화가가 된 자신의 모습이 있었기 때문이다. 피카소는 마음속으로 그림을 그리는 것만으로는 모자랐던지 입만 열면 이렇게 말하곤 했다.

"나는 그림으로 억만장자가 될 것이다."

"나는 미술사에 한 획을 긋는 화가가 될 것이다."

"나는 갑부로 살다가 갑부로 죽을 것이다."

성공하는 데 가장 중요한 것은 바로 '꿈꾸는 능력'이다. 그리고 그 꿈은 말하는 대로 현실이 된다.

삼성그룹 이건희 회장은 그룹의 이익이 2천억 원에 불과했을 때, 직원들을 불러놓고 이렇게 말했다.

"그룹의 이익을 1조 원으로, 임직원의 급여를 지금보다 두세 배 수준으로 올리겠다."

그의 말은 곧 현실이 되었다.

혼다 자동차회사의 창업주 혼다 소이치로도 구멍가게 같은 공장을 운영하던 시절부터 틈만 나면 사원들에게 말했다고 한다.

"우리는 언젠가 세계 제일의 이륜차 제조사가 될 것이다."

그리고 그가 말한 대로 이루어졌다.

소리 내서 다짐하면 문제 해결은 물론이고 기적도 만들 수 있다. 그러므로 꿈을 향해 매일 소리 내어 다짐하고 명령하고 적는 수고를 길러야 풍성한 부와 성공을 손에 넣을 수 있다.

데모스테네스는
말더듬이었다

고대 그리스의 데모스테네스(Demosthenes, BC 384~322)는 한번 입을 열면 사람들의 혼을 빼놓는 최고의 웅변가였다.

과연 데모스테네스는 선천적으로 웅변가의 기질을 가지고 태어났을까? 그는 어떻게 최고의 언변을 발휘할 수 있었을까? 그의 기술을 배우면 여러분도 멋지고 화려한 언변을 청중들에게 선사해 인기를 끌 수 있을 것이다.

말더듬이인 데모스테네스는 웅변 실력을 키우기 위해 처절할 정도로 연습을 많이 했다. 하지만 그는 단지 말을 잘하기 위해 웅변을 연습한 게 아니었다. 그것은 빼앗긴 부친의 재산을 되찾기 위한 생존 싸움이었다.

떨리는 호흡을 잡기 위해 매일 뒷동산에 뛰어 올라가서 말하기 연습을 했으며, 말할 때 올라가는 어깨를 바로 잡기 위해 천장에 날이 선 칼을 매달아두고 훈련했다. 논리적 기술을 높이기 위해 지하 창고에 틀어박혀 책을 읽거나, 외출을 줄이기 위해 머리카락과 수염의 반을 깎은 것은 유명한 일화다.

그는 이러한 훈련을 바탕으로 아테네의 10대 웅변가이자 정치가로 변신했다.

그의 성실한 모습은 아테네 시민들의 마음을 사로잡을 만했으며, 마케도니아 필립 왕이 침공했을 때는 "아테네 시민이여, 일어나라."라는 명연설로 사람들을 투쟁으로 이끌었다.

그는 선천적으로 웅변에 소질이 있었던 사람이 아니었다. 그런 대웅변가가 말더듬증이었다면 누가 믿겠는가! 하지만 그는 심각한 말더듬증이었고, 정확하게 발음할 수 없는 단어가 많았다고 한다. 게다가 폐가 약해 긴 음절이나 문장을 한꺼번에 말할 수가 없어서 말하는 중간마다 숨을 쉬지 않으면 안 될 정도였다. 그런 그가 어떻게 대웅변가가 됐느냐고 의심을 품는 사람도 있을 것이다.

그는 수공업을 경영하는 부유한 집안에서 태어났으나, 일곱 살 때 고아가 되었고, 그나마 있던 부모의 유산마저 후견인이 모두 가로채서 빈털터리가 되었다.

그는 성인이 된 후, 유산을 횡령한 후견인들을 상대로 재판하기 위해서 당대에 유명한 웅변가 이사이오스에게 수사법을 배웠다. 그리고는 재판에 승소하게 되었고, 그것이 계기가 되어 변론술의 교수로 입신출세하여 아테네를 좌지우지하는 정치가로 발돋움하게 되었다.

데모스테네스가 피나는 연습으로 처음부터 청중을 사로잡는 연설을 한 것은 아니었다.

그는 첫 연설에서 비웃고 얕보고 욕하는 청중들의 소리에 실망해 강단에서 내려와 외투로 자기 얼굴을 가리고 급히 집으로 향했다고 한다. 그런데 우연히 만난 친구가 말했다.

"자네가 비웃음을 당한 세 가지 이유가 있네. 첫째는 연설을 할 때 호흡이 급하고 목소리가 크지 않은 것이네. 언변이 유창하지 않아 말이 막힌 것이 그 둘째요, 한 단락 한 구절을 마칠 때마다 어깨를 치켜올려 괴로운 듯한 모습을 보인 것이 그 세 번째 이유일세."

세상에 노력해서 안 되는 일이란 없다.

말더듬이에다가 호흡도 되지 않던 데모스테네스가 끈질긴 노력으로 대웅변가가 되었다면, 우리라고 못 할 법은 없다. 얼마든지 명강사가 되고 달변가도 될 수 있다.

여러분은 지금 어떤 노력을 기울이고 있는가?

청중에게 박수받는
화술 테크닉

뛰어난 말꾼이 되면 행복한 삶을 누릴 수 있을까?

유창한 말꾼이 되고 싶다면, 먼저 옛사람들의 글을 많이 읽고, 사람들 앞에 많이 서야 하며, 다른 사람들의 연설을 보는 것이 좋다.

다독(多讀), 다연(多演), 다견(多見)이 말을 잘하는 최고의 비결이다.

사람들 앞에 서서 말을 해보면 그런 상황에 익숙해져서 사람을 겁내지 않고, 굽히지 않고, 자기가 말하려는 것을 자유자재로 표현할 수 있게 된다.

감명을 준 연설을 적어도 20편 정도만 확보해두면 자신이 생길 것이다. 거기에 말의 어조와 억양을 적절히 활용한다면 충분히 갈채를 받을 수 있으며, 말주변이 있는 언변가로 각인될 것이다.

독일의 아돌프 히틀러는《나의 투쟁》에서 "이 세상에서 가장 위대한 혁명들을 일으킨 힘을 펜이 아니라 말의 힘이었다."고 단언했다고한다.

◀ 남들 앞에 서는 마음가짐 ▶

어느 시대보다 말이 중시되는 요즘, 언변 능력은 인간관계에서 절대적 우위를 차지하고 있다. 그럼에도 불구하고 모든 사람이 다 말을 잘하는 것은 아니다.

미국의 한 권위 있는 기관의 보고서를 보면, 약 65%의 사람들이 질병이나 해고, 혹은 사고보다 청중 앞에서 자신의 의견을 말하는 것에 두려움을 더 느낀다고 한다.

누구나 멋지고 화려하게, 그리고 자기 생각을 조리 있게 말하고 싶어 한다. 하지만 말을 잘하는 사람들도 처음에는 보통 사람들과 다르지 않았다. 그러나 다른 점이 있다면 그들은 사람들의 비웃음과 멸시에도 부지런히 연습했다는 점이다.

연습의 방법에는 여러 가지가 있는데, 초보자에게 가장 필요한 것은 겁내지 않고 남들 앞에 서는 용기다.

병사가 전쟁에 나갈 때는 좌우를 돌아보지 않고 밀어붙여 상대편을 쓰러트리는 용기가 필요하듯 우리도 그 같은 용기가 필요하다. 심지어는 밥을 먹을 때든 산책을 할 때도 말하기를 연습해야 비로소 입을 열 수 있다.

좋은 스피치 내용을 암송하고 어려운 자리든, 딱딱한 분위기든 자유로운 분위기든 방심하지 않으면 자신도 모르는 사이에 크게 얻는 바가 있을 것이다. 이는 유창한 말꾼이 되기를 원하는 사람에게 가장 빠른 지름길이다.

영국의 웅변가 블루햄은 귀족원에서 황후를 위해 논변했을 때 거의 한 달 동안 매일 데모스테네스의 연설문을 반복하여 숙독했으며, 적어도 스무 번 이상은 그것을 베껴 썼다고 한다.

자유자재로 웅변하기 위해서는 훈련하는 습관을 길러야 한다. 무릇 자유자재로 스피치를 할 수 있는 습관은 말을 배우는 사람의 기본적인 태도이며, 그 기초도 행하지 않고 최고의 스피커가 되기를 바라는 것은 무리한 요행이다.

달변가로 거듭나는
말하기 태도

자신의 말 한 마디 한 구절이 상대방 귀에 하나도 빠짐없이 들린다면 얼마나 좋을까? 얼마나 신나는 일인가.

누구나 자유자재로 스피치나 강의를 잘하고 싶어 한다. 그런데 아무리 언변이 훌륭해도 말하는 태도나 몸짓이 보기 흉하면 청중은 결코 갈채를 보내지 않을 뿐더러 금세 싫증을 내고 하품을 해댈 것이다. 그래서 데모스테네스도 연설의 비결은 태도에 있다고 세 차례나 반복해서 말했다. 그 태도의 요소들을 보면 다음과 같다.

몸을 꼿꼿이 세워야 한다

좋은 말꾼의 태도는 몸을 꼿꼿이 세우고 말을 하는 것이다. 구부린 자세는 보기가 흉하고 목소리도 잘 나오지 않는다. 말의 매듭도 불분명하고 기세도 점점 꺾여 자연히 침울해진다. 몸을 꼿꼿이 세우면 말의 매듭이 깨끗이 끊어져서 듣기에 매우 좋다. 그뿐만 아니라 말소리에 활기가 덧붙을 것이 분명하다.

함부로 웃어서는 안 된다

초보자가 주의할 것 중 하나가 바로 '웃음'이다. 쑥스럽다는 이유로 짓는 어설픈 웃음은 감정변화의 큰 요인이 된다. 웃어야 할 데서 웃는 것은 문제가 되지 않지만, 타이밍을 못 맞춘 웃음은 청중으로부터 비난을 받을 수도 있기 때문이다. 때로 자리에 따라서 청중의 뜨거웠던 열정이 식어버릴 수도 있다. 그러므로 좋은 스피커는 말하는 도중에 '웃음' 짓는 것을 가볍게 생각하면 안 된다.

열심히 말해야 한다

말꾼은 반드시 열심(熱心)을 갖추고 있어야 한다. 열심만 가지고 있어도 자신의 많은 결점을 메울 수 있다. 심지어 열심히 하면 설령 말이 서툴러도 청중은 귀를 기울여 들어준다. 반대로 능숙한 언변가라 할지라도 열심이 없다면 하품을 할 것이고 결국 살금살금 뒷문으로 도망칠 것이다.

자신감을 가져야 한다

용기는 자신도 모르는 사이에 연단 위의 사자로 만들어줄 것이다. 자신감이 모자란 언변은 그냥 울리는 종일뿐이다. 뛰어난 말꾼이 되기 위해서는 반드시 자신감이 필요하다.

명료하게 말해야 한다

자신의 주장을 사람들의 마음속에 들여놓으려면 언변이 간단명료해야 한다. 그래야만 듣는 사람이 수용할 것이다.

박식함을 갖춰야 한다

좋은 언변력을 갖기 위해서는 열심과 명료한 언변도 중요하지만 박식함도 필요하다. 말에는 말씨가 있는데 이것은 박식함에서 나온다. 지식을 쌓으려면 수시로 많은 책을 읽고 최신 정보에도 밝아야 한다. 철저한 준비로 깊고 넓은 내용을 준비할 수 있도록 하자.

용모를 단정히 해야 한다

연설자는 용모를 맵시 있게 해야 한다. 그렇지 않으면 아무리 언변이 좋아도 점수를 깎일 수도 있다. 아니, 그 연설을 하기 전에 놀라서 모두 퇴장할지도 모른다. 그러므로 연설자는 머리를 단정하게 하고 옷은 자못 품위 있고, 훌륭하게 보이도록 해야 한다. 겉모습을 단정히 하는 것은 단지 남에게 보여주기 위한 것이 아니라, 본인의 마음가짐을 단정하게 하는 것이니 이는 기본 중의 기본이다.

원고를 잘 써야 한다

완벽한 연설을 하고 싶다면 반드시 초고가 필요하다. 완벽한 원고는
멋진 언변을 보장해주며, 원고에 공을 들여야 훌륭한 언변력을 구사
할 수 있다.

오바마처럼
벤치마킹해라

소통의 달인은 청중 중심의 소통, 철저한 자기 준비, 언행일치의 진정성을 보여준다.

소통은 얕은 기술이 아니라 자신의 삶을 통해 말과 행동을 일치시켜 보여줄 때 그 빛을 발한다.

우리는 전 미국 대통령인 오바마의 언변력과 소통에 열광하지만, 보이지 않는 그의 노력을 배우고자 하는 사람은 드문 것 같다.

그의 소통방식은 한마디로 '청중 중심의 스피치'다.

그의 연설을 잠깐 들어보자.

"진보적인 미국인도, 보수적인 미국도 없습니다. 오직 미합중국만이 있을 뿐입니다. 흑인을 위한, 백인을 위한, 히스패닉을 위한, 아시 아인을 위한 미국도 없습니다. 오직 미합중국만이 있을 뿐입니다. 우리는 하나의 국민입니다."

버락 오바마가 미국 대통령에 오를 수 있었던 원인 중 하나로 그의 탁월한 연설 능력을 꼽는 데 주저할 사람은 없을 것이다.

사람의 마음을 움직이는 데 있어 언변은 그만큼 중요하다.

오바마는 '키워드 강조'의 달인이다. 그는 링컨, 케네디, 마틴 루서 킹 같은 소통의 달인을 철저하게 벤치마킹했다.

연설자가 박학다식해도 말하고자 하는 내용의 키워드가 분명하지 않으면 중언부언하게 된다.

사람들은 선택적 지각을 하므로 장황하게 이야기해도 소용이 없다.

케네디는 '자유'를, 마틴 루서 킹은 '인권'을, 오바마는 '변화'라는 키워드를 설정했다.

직장에서 회의할 때도 많은 내용을 일일이 나열하는 것보다 중요한 키워드 몇 가지를 강조하는 것이 더욱 효과적이다.

프레젠테이션할 때도 메시지를 압축한 비주얼이 훨씬 효과적이다.

미국인들이 최고의 연설로 꼽는 마틴 루서 킹의 "나에게 꿈이 있습니다."라고 시작하는 연설을 보면 '꿈'이라는 키워드가 반복된다.

여러 사례를 곁들여 특정 문장을 반복하면 특유의 운율과 리듬이 생기고 사람들에게 각인되기가 쉽다.

272단어밖에 안 되는 링컨의 게티즈버그 연설 중에도 '봉헌(dedication)'이라는 단어가 다섯 번이나 반복됐으며, 케네디의 베를린

연설에서도 "베를린에 오게 합시다."라는 문장이 여러 번 반복됐다.

　케네디가 처음 연방 하원으로 미디어 연설을 했을 때 그는 왼손을 떨며 심각한 불안 증세를 보였다. 하지만 그는 거기에서 포기하지 않고 스피치 컨설턴트 테드 소렌슨을 고용해 훈련하기 시작했다. 이후 대통령 후보 TV 토론회에서 그 훈련의 결실로 압승을 거뒀고 대통령이 되었다.

　흥미로운 것은 오바마의 스피치를 총괄한 사람이 바로 케네디를 가르쳤던 소렌슨이라는 점이다.

　오바마는 연설 전까지 수차례 연설문을 고치고 내면화시키며, 청중이나 상황에 늘 대비했다.

　링컨도 게티즈버그 추모사 연설을 부탁받고 그 묘지를 조성한 사람들을 불러 그곳의 분위기를 먼저 파악했다고 한다. 심지어 정적까지 찾아가 연설을 감수받았다.

　이는 다른 사람 앞에서 이야기하기 전에 자신의 연설이 객관적으로 타당한지 고민하고 철저히 준비하는 태도다.

　오바마는 링컨의 리더십, 케네디의 이미지(실제로 케네디가 한 것처럼 대통령 후보 수락 연설을 야외에서 했다.), 마틴 루서 킹의 반복기법을 벤치마킹하여 자기 것으로 만들었다. 좋은 웅변가와 언변가를 모방하고 자기 스타일에 맞게 변형해 새롭게 재창조한 시도다.

　이처럼 모방과 창조기법은 좋은 언변력을 따라잡는 데 좋은 훈련기법이다.

여러분도 이 책에서 제시하는 많은 원리와 방법, 지침들을 생활에 적용한다면 최고의 언변가, 유창한 말꾼이 되는 데 큰 어려움이 없을 것이다.

모방 창조기법 정리

- 몸을 꼿꼿이 세움으로 말투에 활기를 덧붙여야 한다.
- 말하는 동안에 함부로 웃어서는 안 된다.
- 청중은 연설자의 말에 귀를 기울여야 한다.
- 사자의 용맹과 위엄을 배워야 한다.
- 명료한 언변의 힘을 키워야 한다.
- 목적을 완수하는 데 필요한 지식을 쌓아야 한다.

누구나 공감할 수 있는
주제를 택해라

    강사란 강의 자체를 주된 직업으로 하는 사람을 말한다. 그리고 강사는 과거, 현재, 미래에 걸쳐 경험하고 배운 것들을 바탕으로 청자들의 문제점을 함께 고민하고 해결책을 찾아주는 사람이다. 또한 그들 스스로 발전할 수 있도록 길을 열어준다.

    강사는 주제에 대해 소상한 해결을 하는 것이 주된 목적이다.

    그들은 같은 주제에 대한 다양한 학자들의 학설을 듣거나 재료나 연구 내용을 분석하고 정리해 청자에게 전달하는 역할을 한다. 그 다음에는 그 주제가 현실적으로 품고 있는 여러 가지 과제를 제시하며 문제가 제기될 여러 점을 밝혀주는 것이다.

    연설가는 청중들에게 뭔가 새로운 것을 준다기보다는 대체로 청중이 이미 가지고 있는 것이지만 그들이 말하지 못하는 것을 대신 말함으로써 환영을 받는다.

교묘한 연설가는 마치 최면술사가 다루듯 청중을 웃기고 울게 하며 멋대로 휘두른다.

로마 최대의 웅변가 키케로는 "청중을 가르치고 그 마음을 즐겁게 하며 감동을 주는 것이 웅변가"라고 말했다.

청중은 변덕스러우며 책임 관념이 약하다. 모여 있는 청중은 때로 어린아이와 같이 단순할 때도 있다.

그럴 때에는 고상한 이론이나 철학을 이야기하면 반드시 실패한다. 더욱더 친근하고 누구나 공감할 수 있는 주제로 이야기해야 한다.

그때그때 임기응변해서 청중의 심리동향을 잘 붙잡아야 연설에 성공한다.

사회와 문화가 변화되는 추세에 맞춰 최적의 방법을 전개하는 것이 오늘날의 강의 형태다.

이제 강의는 대중 스피치의 한 형태가 되고 있으며, 기존의 것들과 판이한 방법들이 등장하고 있다. 가령 파워포인트와 빔프로젝터 등을 이용해 동영상이나 그림을 강의하는 것이 점점 일반화되고 있는 것이다.

입체적이고 영상화된 이러한 기법이 대중들에게 쉽게 다가갈 방법이기도 하다.

◀ 자신의 잘못된 언어습관을 고쳐라 ▶

최적의 강의를 하기 위해서는 우선 강사가 사용하는 언어가 매우 중요하다.

강사의 언어는 누구나 일상생활에서 쓰고 있는 이야기체(대화체)여야 한다. 그리고 강사만이 알 수 있는 전문용어나 학술용어는 될 수 있는 대로 피하고 좀 더 쉬운 말로 해설하고 설득하는 것이 좋다. 쉬운 말과 자연스러운 말씨와 태도야말로 다양한 사람들에게 다가갈 수 있는 최고의 방법이다.

자세는 지극히 자연스러워야 하며, 억지로 꾸민 음성이나 과장된 몸짓을 사용하는 것은 자제해야 한다.

강의는 강사의 지식을 자랑하는 시간이 아니며, 청중의 이해와 눈높이에 맞춰 질의 응답, 토의, 과제 등 적절한 피드백이 함께 이뤄져야 한다.

잘 가르치는 방법은 많다. 하지만 당장에 큰 효과를 얻을 방법은 자신이 하는 강의를 타인에게 관찰하도록 하고 개선해야 할 점들에 대해 세세히 지적받는 것이다.

'백문이 불여일견'이란 말이 있듯이 자신이 강의하는 모습을 한 번 보는 것이 강사법 이론을 백 번 듣는 것보다 더 효과적이다.

한편 강사의 목소리는 매우 중요한 요소인데, 그중에서도 목소리의 강약 고저 조절능력이 가장 중요하다.

어느 강사는 불행하게도 강의실 크기와 상관없이 하나의 소리로 밋밋하게 강의를 한다. 그렇게 되면 청중들의 경우 단조로운 목소리로 진행하는 강의를 유독 힘들어한다. 따라서 목소리의 크고 작음, 음의 높고 낮음, 속도의 빠르고 느림에 적절한 변화를 주어야 한다.

생동감이 넘치는 강의는 강사를 열정적으로 보이게 하고, 그 열정은 청중들에게 쉽게 전달된다. 그러므로 목소리에 변화를 주는 능력을 키워야 한다.

발성과 발음, 그리고 표현력을 교정하는 파워수사훈련을 통해서 나쁜 언어습관을 고쳐보자.

좋은 강사가 되기 위해서는 먼저 나쁜 언어습관이 무엇인지 발견해야 한다.

나쁜 언어는 듣는 사람을 불쾌하게 만들기도 한다. 그러므로 먼저 자신의 부족한 언어습관이 무엇인지 꼼꼼하게 파악해 보자.

말하기 전 4단계
프로젝트

멋진 연설이나 강의를 보면 대부분 정해진 격식보다는 청중의 호감을 사는 데 더 열정적이다.

여기에 강사의 탁월함이 있는 것이다. 강사는 처음에는 실질적인 내용은 접어두고 친근하게 이야기를 꺼내는 것이 좋다. 청중이 모두 공감할 수 있는 소재를 꺼내 가볍게 이야기를 시작하거나 청중이 사는 동네나 청중 자체를 칭찬하면서 이야기를 시작할 수도 있다. 또한 본론으로 들어가기 전에 짧은 예화나 유머, 사건 등은 청중과의 관계 조성에 더욱 많은 유익을 줄 수 있다. 이는 강사가 일방적으로 딱딱하게 흐르지 않도록 도와준다.

◀ 1단계, 나는 어떤 사람인가 _ 첫인상 ▶

우리는 종종 자신의 깔끔하지 못한 인상이 어느 정도로 상대방에게 불쾌감을 주는지 의식하지 못하며 살아간다.

자신의 첫인상을 책임질 수 있는 지혜가 바로 명강사가 지녀야 할 기술이다. 그러므로 거울은 자신의 품행과 복장을 연구할 수 있는 가장 좋은 대상이며, 강의내용을 미리 연습하기에도 최상이다.

사람을 만나는 데 있어서 첫인상은 앞으로의 관계를 형성하는 데에 큰 영향을 미친다.

옷은 사람의 인격과 선호하는 스타일을 나타내줄 뿐만 아니라, 그 사람의 가치관과 심리상태까지 보여준다.

걷는 모습, 앉거나 서 있는 자세, 표정, 심지어는 강사의 옷 입는 스타일까지도 청중과의 거리를 좁혀준다.

그리고 상황에 따라 다르지만, 일반적으로 강사의 인품이 가장 크게 영향을 미친다. 강의내용이나 전달방법보다도 강사의 인품이 성공을 좌우한다. 강사의 품성은 아무리 감추려고 해도 강의하는 도중에 배어나오니 평소에 인품을 챙기는 수련이 필요하다.

◀ 2단계, 청중은 어떤 사람들일까_청중 분석 ▶

청중이 강의에 흠뻑 빠져들도록 하기 위해서는 먼저 청중에 대한 분석이 필요하다. 사람들이 어떻게 말을 알아들을까에 대한 깨달음이다. 그리고 전달자가 청중 분석에 익숙할수록 양측의 의사소통이 더욱 분명해진다.

사람들이 무엇을 구매할지를 결정하는 데 영향을 미치는 가장 중요한 세 가지 요소가 있다.

편안한 마음, 가치에 대한 확신, 그리고 자기만족이다.

청중의 태도 또한 마찬가지다.

사람들에게 좋은 강의를 제공하려면 무엇보다도 경험과 배짱, 그리고 넘치는 자신감과 순발력이 필요하다. 그러나 초보 강사들의 경우, 그런 것들을 갖추려면 시간이 걸리기 때문에 사전에 강의내용에 대해 철저한 준비가 필요하다.

훌륭한 강의는 사전에 얼마나 준비를 했느냐에 따라 판가름이 난다. 특히 초보 강사가 놓치면 안 되는 것은 자신이 알고 있는 것과 전달하는 것은 다른 문제라는 점이다. 따라서 강의하고자 하는 내용을 사전에 충분히 준비하고 연습하는 것은 명강의를 하는 데 필수요소다.

◀ 3단계, 청중은 무슨 이야기를 좋아할까 _예화 ▶

전달자가 주의집중을 하도록 요구할 수 있는 단계다.

여기서 청중의 귀가 솔깃해져야 그 다음에 집중해서 들을 수 있다. 그래서 보통 가볍고 짧은 예화를 사용하는 경우가 가장 많다.

예화는 청중에게 친밀하게 접근하는 방법이다. 따라서 이야기를 본격적으로 시작하기 전에 반드시 하나의 일체감과 소속감을 형성해야 한다.

따라서 전달자는 어떻게 해서든지 처음의 몇 마디로 청중이 품고 있는 미덥지 않은 생각을 쫓아버려야 한다.

"저는 여러분을 좋아하기 때문에 여기에 왔습니다."라는 마음으로 그들에게 다가가면 훨씬 수월하게 강의를 시작할 수 있다. 또한 일체감이나 소속감을 느끼게 하는 질문을 하면 도입부 직전에 청중의 집중을 끌어들일 수 있다.

"우리는 얼마나 비슷한가?"

"왜 우리는 서로가 필요한가?"

"우리에게 주어지는 유익함은 무엇인가?"

전달자는 어떤 식으로 말을 하든지 간에 겸손한 태도로 임해야 한다. 결국 도입부 지전의 짤막한 이야기는 청중과 유대감을 갖도록 하는 최고의 시간이다. 사전광고 시간이라고 생각하면 된다. 짤막한 분량의 적절한 유머는 인지된 신뢰도를 어느 정도 상승시키는 효과가 있다. 자기고백 또한 청중에게 다가서서 그들과 하나가 될 수 있는 진정한 방법이다.

개인적인 예화는 전달자의 정체를 드러내어 청중의 호기심을 이용할 수 있어 매우 효과적이다.

◀ 4단계, 진정한 소통 _소통 ▶

소통은 전달자와 수신자가 서로 마음을 주고받는 생각의 교환이다. 그러므로 모든 소통은 전달자, 소통, 수신자라는 세 가지 역할 분담으로 이루어지는 한 편의 드라마다.

전달자 ⇨ 커뮤니케이션 ⇨ 청중

사실 말하는 사람과 듣는 사람 간의 관계 형성은 의사 전달의 첫 번째 열쇠다. 하지만 관계가 형성되는 과정을 검토하기 이전에 중점을 두고 다루어야 할 기본 원칙이 있다.

1975년 엘크만은 유기니 원주민들을 대상으로 몇 가지 실험을 했다.

원주민들에게 백인 남녀를 찍은 사진 세 장을 제시하고 그들에 관한 세 가지 이야기를 들려주었다. 그랬더니 원주민들은 사진에서 드러나는 감정을 포착하여 전해 들은 이야기와 해당 인물들을 95%의 정확성을 가지고 연결했다.

이와 같은 4단계 프로젝트를 통해 청중의 마음을 사로잡을 수 있다.

첫인상, 청중 분석, 처음 한 마디, 그리고 소통의 단계를 갖춘 언변이야말로 기가 막힌 말꾼이 되는 지름길이다. 그러므로 점검하고 연습하여 유창한 말꾼이 될 수 있도록 하자.

말하기 도중
이것만 지켜라

유창하고 조리 있는 사람의 마음을 사로잡는 언변력을 갖추기 위해서는 다음의 기술을 훈련하고 개발해야 좋은 말꾼이 될 수 있다. 따라서 평상시에 주어진 말솜씨를 끌어 올려주는 수사훈련을 꾸준히 실천할 수 있도록 노력해보자.

이것만은 꼭 지켜야 한다.

천천히 말하자

말이 빠르면 아무리 좋은 내용이라도 무슨 말인지 잘 알아들을 수가 없다. 그런데 사람들 앞에 서면 흥분과 긴장감으로 자기도 모르게 말이 빨라진다.

'천천히' 말하기란 말을 길게 끌지 않고, 쉼과 쉼을 분명하게 하는 것이다. 단 천천히 말을 하라고 해서 말을 질질 끌거나 낱말과 낱말 사이에 쉬는 시간이 길어지면 듣는 사람으로 하여금 지루하고 답답한 감을 느낄 수 있다.

큰 소리로 말하자

무조건 악을 쓰거나 무작정 크게만 소리 내라는 것이 아니다. 멀리 뒤에 있는 사람들까지 분명히 알아들을 수 있는 소리를 말하는 것이다. 분명한 발음으로 호소력 있게 말해야 듣는 사람들의 집중력도 살아난다.

또박또박 말하자

발음을 똑똑히 한다. 또박또박한 말씨는 발음과 발성훈련을 통해서 더 향상될 수 있다. 그러면 말하는 내용을 분명하고 강하게 전달할 수 있다. 예를 들어 '아버지가 방에 들어가신다.'라는 문장을 띄지 않고 붙여서 단숨에 말하면, '아버지 가방에 들어가신다.'라고 되어버린다.
또박또박 끊어서 읽는 훈련을 평소에 해두자.

자연스럽게 말하자

자연스러운 스피치는 청중을 사로잡는 최고의 기술이다. 부자연스럽게 꾸민 음성이나 소리는 듣는 이로 하여금 싫증을 느끼게 한다. 그러므로 말의 훈련은 기본부터 자연스럽게 연습해서 몸과 마음에 젖은 자신의 음성을 익혀야 한다. 이는 많은 훈련과 연습을 통해서만 가능하다.

최적의 명강사가 되는 훈련

평소에 소리 내서 책을 읽는다
- 발음에 신경을 쓰며 큰 소리로 읽는다.
- 자신의 목소리를 들으며 이상한 발음을 여러 번 읽고 교정한다.

나무젓가락이나 볼펜을 물고 발음을 교정한다
- 이 방법은 꾸준히 해야 효과가 있다.

발음이 어려운 단어나 문장을 집중적으로 훈련한다
- 되새기며 거듭 반복한다.
- 어휘력 노트를 만들어 반복 훈련한다.

바른 말, 고운 말, 예쁜 말을 쓴다
- 바른 말, 고운 말을 의도적으로 사용하자. 말꾼의 진짜

멋진 모습은 우리말을 바르고, 곱게 사용하는 것이다.

말을 명확하게 끝낸다.

• 말끝을 흐리는 습관은 듣는 사람을 답답하게 만든다.

표정이 살아야
말이 산다

좋은 인간관계란 사람들에게 호감을 얻는 데서 시작된다.

사람들에게 호감을 받지 못하면 아무리 잘생기고, 말을 잘해도 외면 당하게 마련이다. 따라서 호감도가 좋으면 능력을 인정받고 좋은 인간관계를 유지하는 데 큰 도움이 된다.

보이는 첫인상은 무언(무언)의 소개장이다.

호감 가는 차림과 호감 가는 표현으로 호감도를 높이는 것이 무엇보다 중요하다.

옷차림, 걸음걸이, 자세, 표정, 제스처, 어조, 위치를 올바르게 하면 보다 설득력 있게 보일 수 있기 때문이다. 특히 표정은 그 사람의 감정을 읽을 수 있는 수단이며, 좋은 분위기와 성품은 자신의 부족한 점을 메우는 최고의 방법이다.

수의사는 개의 모습만 봐도 그 주인의 성격과 모습을 알 수 있다고 한다. 그만큼 첫인상은 자신의 처음이자 마지막 모습이 되는 것이다.

이렇듯 표정만으로도 얼마든지 대화할 수 있다.

◀ 첫인상이 결정되는 3초 ▶

우리는 사람의 표정을 보면서 행복, 슬픔, 혐오, 분노, 공포, 놀라움 등을 분별할 수 있다. 그만큼 자신도 조심해야 한다는 말이기도 하다.

이 표정들이 우리의 환경과 생활에 충분히 영향을 미칠 수 있다.

성공하는 사람들은 일단 표정이 다르다. 그들은 한결같이 호감 가는 이미지와 표정을 갖고 있다. 그들 누구도 말 한마디 붙이기 힘든 차가운 인상을 보이지 않는다.

화난 표정으로는 절대 성공할 수 없다. 그런 사람들에게는 절대 기회나 행운이 오지 않는다.

첫인상이 결정되는 시간은 단 3초다.

이때 첫인상을 결정하는 요소는 외모, 표정, 제스처가 80%를 차지하며, 목소리 톤, 말하는 방법이 13%를 차지하고, 나머지 7%가 인격이라고 한다.

사람들은 첫인상만 보고도 그 사람과 관계를 맺을 것인가 결정하곤 한다.

표정관리도 능력이다. 그러므로 수없이 자기 표정을 만들고 관리하여 호감 가는 인상을 만들어야 한다.

현대사회는 이미지 시대다. 매력적인 첫인상과 멋있고 밝은 미소는 성공의 무기가 된다. 어떤 것을 결정할 때도 무엇보다 상대의 이미지를 우선시한다.

성공하는 데 최고의 무기는 '성공하려면 웃어라'이다.

첫인상이 좋아야, 즉 호감이 가야 일과 사랑에 성공할 수 있다.

치열한 경쟁사회에서 살아남기 위해서는 능력도 중요하지만 그전에 상대방에게 자신을 드러내 '호감 가는 사람'이라는 인상을 심어주어야 한다.

웃는 얼굴은 면접뿐만 아니라 모든 인간관계에 유용하며 상황을 부드럽고 원만하게 만들어준다. 미소 띤 얼굴에는 여유와 넉넉함이 배어 있어 상대방의 마음을 편안하게 해주는 정신적 진통제 같은 역할을 하기도 한다.

요즘은 개개인의 이미지를 중시하는 시대다. 물론 자기 분야에서 실력을 갖추는 것이 중요하긴 하다. 하지만 그것만으로는 충분하지 않다. 재능이 출중한 사람이 미소까지 훌륭하다면 금상첨화가 아니겠는가.

주위에서 보면 얼굴이 예쁘거나 잘생기지도 않았는데 매력이 철철 넘치는 사람들이 있다. 이들을 유심히 관찰해보면 하나같이 표정이 밝고 매사에 긍정적이다.

웃음의 힘은 무엇일까?

매력적이고 아름답게 웃는 얼굴은 상대방에게 호감을 줄 뿐만 아니라, 상대의 마음조차 행복하게 만든다. 그것이 바로 웃음의 힘이다. 아무리 성미가 괴팍한 사람이라도 상대방의 환한 웃음 앞에서는 부드러워지지 않을 수 없다.

사람이 사람을 좋아하는 이유는 뜻밖에 단순하다.

자, 오늘부터 매력적인 표정으로 상대방에게 어필해보자.

표정이 살아야 말이 살고, 웃어야 성공할 수 있다.

비즈니스맨의
세일즈 화술

우리의 일상은 아침부터 밤까지 대화의 연속이다.

직장에 출근해서 사람들을 모아놓고 하루의 업무를 듣거나 지시하고, 가게에 들어온 손님에게 물건을 사라고 권하는 것도 대화다.

매사가 대화의 연속이다. 그러므로 대화의 능력이 있느냐 없느냐에 따라 인생의 성공과 실패가 결정된다고 해도 과언이 아니다.

사람을 움직이기 위해서는 반드시 상대가 필요로 하는 말을 해야 한다. 그런데 대다수 사람은 상대가 바라는 말이 아닌 자기 관점에서만 말하고 행동한다. 이를 두고 테일 카네기는 다음과 같이 말했다.

"당신은 낚시할 때 미끼로 무엇을 쓰고 있습니까? 자신이 버터나 치즈를 좋아한다고 해서 설마 그것을 미끼로 쓰지는 않겠지요? 자기가 싫더라도 물고기가 좋아하는 미끼를 사용할 겁니다. 물고기의 욕망을 자극하지 않으면 낚을 수 없습니다. 인간도 마찬가지입니다."

현대는 자기표현의 시대이며, 특히 비즈니스 세계에서는 자기를 잘 표현하는 사람을 필요로 한다. 그곳은 자기표현의 연속이며, 상부 지시나 보고, 영업 등 전반적인 업무가 화술로 이어지며 때로 인간관계나 승진을 좌우하기도 한다.

아무리 좋은 아이디어나 기획이 있더라도 주위 사람들에게 효과적으로 표현하지 못하면 무용지물이 되고 만다.

조직이 방대한 직장일수록 비즈니스 화술을 부지런히 익혀야 한다.

"말 한마디로 천냥 빚을 갚는다."는 말도 비즈니스에서 화술이 얼마나 중요한가를 우회적으로 말해주는 것이다.

비즈니스맨이 결정적일 때 자기표현을 못 한다면 용기 없고 능력 없는 사람이라는 평가를 받아, 다른 능력까지도 인정받지 못하는 경우가 있다.

그렇다면 치열한 경쟁사회에서 인정받고 성공할 자기표현방법에는 어떤 것이 있을까 알아보자.

호감을 주는 말주변을 익혀야 한다

경쟁사회에서 안하무인식의 자기표현은 조직에서 고립되고, 결국 사람들에게 소외당할 수밖에 없다. 특히 비즈니스맨에게 있어 신임을 잃는 것은 생명을 다한 것이나 다름없다.

화술 부족으로 뛰어난 자신의 능력도 결국은 무시당하고, 성공할 기회와 여건도 사라지게 된다. 그러므로 비즈니스맨에게 있어 독단과 아집은 금물이다.

누구든 조화를 이루고 호흡을 맞추는 능력이 있어야 한다.

미국 국립인간관계연구소 소장 제임스 F. 벤더 박사가 최고경영자 55명을 대상으로 "중견 간부의 성공 조건이 무엇인가?"라는 질문을 했다고 한다.

대답 결과, 54명이 '화술'이라고 대답했다. 나머지 한 명도 문장술과 화술을 꼽았다고 한다.

사업의 성공은 좋은 화술이 좌우하므로 여러분도 호감 주는 화술을 익혀 성공하는 비즈니스맨이 되도록 하자.

성공한 사람들의 특징 중 하나가 대화의 법칙을 이해하고 있으며 그 법칙을 삶에 적용한다는 점이다. 그들은 유독 말의 위력을 실생활에 활용하는 능력이 뛰어나다.

세일즈 세계에도 중요한 기술이 있다.

사람은 필요한 물건을 살 때 마음이 어떻게 움직일까?

사람은 물건을 살 때나 어떤 행동을 할 때 대개 주의, 흥미, 욕망, 비교, 만족의 순서로 심리적 변화가 일어난다.

이를 구매심리 6단계라고 한다.

그러므로 대화술에서도 이 변화의 법칙에 맞춰 말을 진행하면 고객의 마음을 움직이기가 한결 쉽다.

인간은 눈앞에 이익이 보여야 행동하는 동물이다.

한마디로 인간은 무척이나 현실적인 동물이다. 무엇인가 뚜렷한 이익이 눈앞에 있으면 그것을 획득하기 위해 물불을 가리지 않고 뛰어들게 마련이다. 될 수 있는 한 구체적인 이익을 내걸고 설득하면 고객의 마음은 열리게 되어 있다.

질문으로 시작하자

대화의 달인들은 말을 어떻게 시작할까?

여러 가지 방법이 있겠지만, 상대방에게 '나는 당신에게 관심이 있다.'라는 느낌이 갈 수 있는 '질문'으로 대화를 시작하는 것이다.

질문을 잘 던져야 한다. 단 한 마디의 질문을 통해서 상대의 마음을 읽어내는 것이다.

고객은 무슨 말부터 꺼내야 할지 고민하고 있다. 이때 먼저 다가서서, "어서 오세요. 지금 쓰시는 제품에 뭔가 불편한 점이라도 있으세요?"라고 질문을 던지면 고객은 천천히 속마음을 말하기 시작할 것이다.

고객은 처음부터 진심을 말하지 않는다.

누구나 처음부터 마음을 끄집어내지는 않으므로 심적 여유를 가지고 접근해보자.

말꼬리를 잡고 늘어져야 한다

대화의 달인은 남의 말을 잘 들어준다.

질문으로 고객의 구매의사를 포착했다면, 이번에는 고객의 요구를 분석하는 질문을 통해 고객의 욕구에 대한 정보를 듣는다.

"아, 그 점이 많이 불편하셨군요. 좀 더 자세히 듣고 싶은데, 구체적으로 말씀해주시면 안 될까요?" 하는 질문에 고객이 답을 하면, 그 대답을 배개로 내화를 이어가는 것이다.

상대방의 요구 사항을 들어주어야 한다

가장 중요한 사항은 고객의 요구사항을 정확히 파악하는 것이다.

실제 현장에서는 대부분 시간을 이 단계에서 할애하게 된다. 고객이 보내주는 정보를 힌트로 해서 대화를 확장해보자.

고객이 진정으로 원하는 것을 모조리 끄집어냈는지, 혹시라도 빠진 것은 없는지 다시 한번 확인하면서 고객의 요구를 함께 점검해나간다.

◀ 비즈니스에 필요한 대화술 ▶

오늘날의 비즈니스 세계에서 가장 중요한 도구가 있다면 그것은 매출과 성과에 커다란 영향을 주는 말, 즉 대화술의 능력일 것이다. 그런데 그 중요성을 인식하지도 배우려고도 하지 않는다는 것이 문제다.

하지만 분명 대화의 질을 높여야 매출에도 도움이 된다. 어떤 말을 선택하느냐에 따라 그 성과가 확연히 달라지기 때문이다.

우리는 오늘도 일을 더 빨리, 실수 없이 처리해야 하는 끊임없는 압박에 시달리며 살아가고 있다. 이 때문에 관리자들뿐만 아니라, 조직 내 모든 구성원에게 간결하고 명료하게 대화하는 능력이 요구되고 있다.

대화는 정확하고 순조롭게 일을 완수하기 위해 가장 필요한 능력 중의 하나다.

27세에 이탈리아 원정의 총사령관이 된 나폴레옹은 대군을 이끌고 이탈리아로 향했다. 그러나 그의 군대는 진흙투성이가 되어 추위와 굶주림에 시달리느라 사기가 있는 대로 꺾이고 말았다. 이때 나폴레옹이 웃는 얼굴로 외쳤다.

"장병들이여! 여러분은 지금 진흙투성이가 된 옷도 갈아입지 못하고 굶주림과 추위에 떨고 있소. 그러므로 나는 여러분에게 말하노니 전진합시다! 내가 지금부터 안내하는 땅은 세계 최고의 옥토입니다. 그곳은 따뜻한 태양이 내리쬐며, 미녀와 꿀 같은 술이 우리를 기다리고 있소. 전진합시다! 일각이라도 빨리 그 옥토에 도착하여 배가 터져라 먹고 마시며 즐깁시다!"

이 말에 기운을 차린 병사들은 진군을 거듭한 끝에 밀라노를 함락시켰다고 한다.

말은 생각과 행동을 동시에 불러일으키고, 감정과 지력을 동시에 자극한다.

성공과 인간관계, 삶의 질에 이르기까지 거의 모든 것이 대화 능력에 달려 있다는 놀라운 사실을 항상 기억하기 바란다. 그리고 규칙과 원리를 참고하여 언어의 힘을 마음껏 발휘하자. 특별히 다음과 같은 상황에서 대화해야 한다면 더욱더 집중해서 능력을 발휘해야 한다.

까다로운 사람을 상대할 때.

다른 사람에게 좋은 이미지를 심어주고 싶을 때.

듣는 방법을 배우고 싶을 때.

비즈니스상의 해결책을 찾으려고 할 때.

화술을 발휘해 성과를 얻고자 할 때.

조직사회에서 생존하기 위한 영향력 있는 대화기술을 배우고자 할 때.

비즈니스에 필요한 언어 사용법

단순성

원활한 소통을 위해서는 난해하고 유식한 말, 전문적인 말은 사용하지 않는 것이 좋다. 즉 어려운 말들은 피하자. 요즘은 간단명료해진 메시지를 선호하는 추세다. 말을 살짝 바꾸는 것만으로도 하루아침에 최대 약점을 최고 강점으로 바꿀 수 있다.

간결성

최대한 간결하게 표현하자. 단어만으로도 충분하다면 굳이 문장을 쓰지 말고, 몇 단어로 표현하자.

신뢰성

사람을 믿을 수 있어야 제품을 구매한다. 그러므로 여러분의 말이 곧 여러분이다. 사람들에게 여러분이 하는 말과 여러분 자신이 일치한다는 점을 상기시켜야 한다.

일관성

좋은 표현을 반복하고 또 반복하자. 그러므로 말에는 일관성이 있어야 한다.

참신성

여러분의 메시지에 새로운 것을 제공하자. 사람들이 신선하게 받아들인다면 성공할 것이다.

리듬감

말의 소리와 짜임새는 그 말이 담고 있는 내용만큼이나 확실하게 기억에 남아야 한다. 첫 글자가 같거나 음절 흐름이 같은 단어들이 연속되어 있으면 무작위로 소리가 모여 있을 때보다 기억에 훨씬 오래 남는다. 노래나 시처럼 운율에도 신경을 써보자.

흡인력
메시지에는 사람들이 듣고 싶어 하는 것이 담겨 있어야 한다. 상대방을 독려하고 치켜세우는 언어를 구사하면 성공할 수 있다.

시각화
상대방이 눈에 보이게 말하자. 대중에게 주목받는 말은 듣는 사람이 언어를 통해 선명한 그림을 그릴 수 있을 정도여야 한다.

상호반응
말도 부메랑처럼 던져야 한다. 질문은 여전히 가장 강력한 커뮤니케이션 도구로 손꼽히고 있다.

타당성
사람들에게 결과와 목적을 말하기 전에 항상 이유를 제시해야 한다. 청자들은 메시지가 자신에게 중요하다고 생각하지 않는다. 단순한 어휘, 어구, 어순, 문맥의 변화

가 대중한테서 오는 압력을 완화하고, 소비자의 신뢰를
회복시키며 제품이나 상표에 새로운 이미지가 형성된다.

우리의 '세 치 혀'를 제어하고 다스릴 수만 있다면 성공하는 데 큰 문제가 없을 것이다. 지금 크게 따라 외치자!

"나도 명강사가 될 수 있다!"

"나도 유창한 말꾼이 될 수 있다."

"나도 사람의 마음을 사로잡는 언변가가 될 수 있다."

치유 소통

마음을 치유하는 말하기

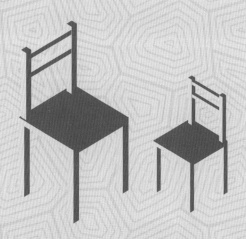

COMMUNICATION SKILLS

꿈이 무엇인가

주변에 IQ가 유독 높거나 공부를 잘하는 사람들이 많은데, 그들을 보면 공부를 잘하는 것과 성공은 반드시 일치하지 않는 것 같다. 오히려 지식과 학벌을 뛰어넘어 독창적인 사람이 더 멋지게 잘사는 경우가 더 많다.

좋은 학벌과 유능한 인재들이 넘쳐나는 이 시대에서 살아남는 생존 방법은 바로 자기만의 독창적인 창의성을 찾는 것이다.

창의적인 사고를 하려면 먼저 끈질겨야 하며, 새로운 생각을 하기 위한 노력을 아끼지 말아야 한다. 또한 평범한 것조차 깊이 있게 생각하고, 토론하고, 질문하며, 되새기는 자세가 무엇보다도 필요하다. 그리고 세상과 맞서 자신 있게 용기와 도전으로 임해야 한다. 그러기 위해서는 여러분 앞에 부정적이고 고정된 틀을 깨는 것이 우선이다.

우리는 흔히 아인슈타인 하면 원래 타고난 천재로 알고 있는데, 사실은 그렇지 않다. 아인슈타인은 네 살이 되어서야 겨우 말할 수 있었고, 일곱 살이 되어서야 비로소 글을 읽기 시작했다. 그의 선생님은 그가 다른 아이들보다 정신적으로 성장이 느리고 비사교적이기에 현실에 적응하지 못하고 일생을 혼자만의 세계에서 헤맬 것이라고 말했다. 게다가 그는 취리히 종합기술전문학교에서 쫓겨나기까지 했다. 그런 그를 오늘날의 천재 물리학자로 만든 것은 다름 아닌 '창의성'이다.

"생각하는 사람"으로 유명한 조각가인 로댕 삼촌까지도 그를 얼간이라고 불렀다. 입학시험에 두 번이나 낙방하고 세 번 만에 가까스로 예술학교에 붙고, 성적도 좋지 않아 학교가 생긴 이래로 가장 형편없는 학생이라는 말까지 들었기 때문이다. 하지만 우리 머릿속에 조각하면 '로댕'이 떠오르는 이유는 아무도 범접할 수 없는 예술혼이 그에게 있기 때문이다.

훗날 아인슈타인과 로댕은 세계적인 위인이 되었다.

이 얼마나 놀라운 사실인가!

그들에게는 무한한 가능성과 비전, 그리고 확고하고 분명한 꿈이 있었다. "나도 할 수 있다"는 긍정의 마인드가 마음에 한가득 있었던 것이다.

따라서 우리도 자신에게 무한한 잠재력이 있음을 믿고 지금 당장 말하자.

"나에게는 꿈이 있습니다."

웃음은
정신적 조깅이다

심지어 시체도 웃는다는 우스갯소리가 있다.

어느 병원 영안실에 세 구의 시체가 들어왔다. 그런데 시신이 모두 웃고 있었다. 그것을 본 담당 의사가 간호사에게 물었다.

"아니, 이 사람들은 왜 웃고 있는 겁니까?"

간호사가 대답했다.

"첫 번째 사람은 100억 원짜리 복권이 당첨되어 심장마비로 죽은 사람이고, 두 번째 사람은 시험에 일등을 해서 매우 기뻐한 나머지 충격을 받고 죽은 사람입니다."

의사가 혀를 차면서 또 물었다.

"그럼 세 번째 사람은 무슨 일입니까?"

간호사가 대답했다.

"이 사람은 벼락을 맞고 죽은 사람입니다."

"벼락을 맞았는데, 왜 웃고 있지?"

간호사가 말했다.

"예, 사진 찍다가 벼락을 맞았거든요."

웃음이 사회의 경쟁력으로 대두하고 있다. 한 연구기관에서 발표한 것을 보면, 즐거움과 기쁨은 생산성과 깊은 연관이 있다고 한다. 예를 들어 회사에서 생산성을 높이기 위해 직원들에게 즐거움을 제공하는 등 다양한 전략과 묘책을 내놓는 것을 보면 알 수 있다.

지금 바로 옆에 있는 사람을 보고 웃어보자.

웃음은 우리를 행복하게 하는 힘을 지녔다. 그리고 웃음은 문제와 꼬임을 푸는 가장 강력한 열쇠다. 또한 웃음은 자연살생세포(NK CELL)를 활성화하고 암세포를 파괴한다.

웃음은 뇌에도 좋은 영향을 끼친다고 한다.

대뇌의 왼쪽 귓밥 3.4cm 위에는 단추크기만 한 웃음보가 있다고 한다.

웃음은 15개의 안면 근육을 동시에 수축시키고 몸속에 있는 650여 개의 근육 가운데 230여 개를 움직이는 최고의 전신운동이다. 미소는 문제 해결의 열쇠뿐만 아니라 건강을 지탱해주는 힘이기도 하다.

'나'는 잘 웃고 있을까?

누구나 웃을 수 있다고 생각하지만 뜻밖에도 웃을 줄 모르는 사람

들이 많다.

만약 웃음을 빼앗기면 그 자리에 스트레스가 들어와서 우리를 짓누른다.

약학박사 이운진 교수는 자신의 책에서 "웃음은 각성 물질인 도파민의 분비를 촉진하여 기분을 상쾌하게 하며, 횡격막 상하운동으로 혈액의 움직임을 좋게 해준다. 웃음은 내장의 달음박질이다."라고 말했다.

웃음은 유쾌한 정신과정에서 나타나는 감정적 신체의 표현이다.

웃음은 엔도르핀을 생성시켜 스트레스를 해소할 뿐만 아니라, 암을 비롯한 각종 질병을 치료한다.

미국의 존스 홉킨스 대학병원에서는 웃음을 '정신적 조깅'이라고 강조하며 '웃음운동 간호사부대'를 조직해 웃음치료를 시행하고 있다.

웃음치료의 효과

- 순환기관을 깨끗하게 해주는 청혈효과가 있다.
- 소화기관을 자극하여 소화효소를 증강한다.
- 심장박동을 알맞게 해주고 혈액순환에 도움이 된다.
- 높은 혈압을 낮춰주므로 혈액순환에 도움이 된다.
- 근육의 긴장을 완화해주므로 마음의 안정 상태를 유지한다.
- 엔도르핀의 분비를 촉진하여 기쁨이 넘치게 한다.
- 스트레스와 긴장, 그리고 근심과 걱정을 해소해준다.

COMMUNICATION SKILLS
LESSON 05-3

큰 소리로 칭찬하고
작은 소리로 비난해라

어른이나 가족에게 진심으로 사랑하는 마음을 표현하며 칭찬을 해
보자. 치유의 효과가 있다는 사실을 발견하게 될 것이다.

진심 어린 칭찬은 보약과도 같다. 실제로도 몸을 치유하는 엔도르핀
이 분비된다고 한다.

심리학자 로버트 로젠탈(Robert Rosenthal)과 레노어 제이콥슨
(Lenore Jacobson)은 주로 하류층이 많이 거주하는 초등학교의 어린
학생들을 대상으로 '칭찬의 영향'에 대한 실험을 했다.

초등학교 선생님에게 어린이 지능 향상을 예측할 수 있는 새로운
실험이라고 설명하고 나서, 무작위로 몇몇 학생들을 선정한 후, "이
아이들은 앞으로 지적 발달이나 학업이 틀림없이 급성장할 것입니

다."라고 통보했다.

8개월 후 다시 지능테스트를 했는데, 발전 가능성을 예견받은 아이들의 지능이 다른 아이들에 비해 현저하게 향상된 결과가 나왔다.

이는 선생님이 지적 발달과 학업 성적이 향상되리라는 기대를 하고 아이들을 지속해서 칭찬한 결과다. 선생님이 아이들에게 높은 관심을 보여줌으로써 학업 태도도 변하고, 결국 능력까지 발전하게 된 것이다.

이러한 현상을 심리학에서는 '피그말리온 효과(Pygmalion Effect)'라고 부른다. 이처럼 성장 과정에 있는 아이들에게 칭찬의 말 한마디는 인생을 좌우할 만큼 그 효과가 매우 크다. 즉 칭찬의 말, 격려의 말, 좋은 점을 지지하는 말로 시작하면 어떤 문제든 해결된다. 그러니 첫 마디는 언제나 진지하게 칭찬으로 시작하자!

◀ 칭찬에 굶주린 사람들 ▶

칭찬의 말은 꽃다발과 같아서 누구나 듣고 싶고 오래도록 기억되는 법이다.

칭찬을 싫어하는 사람은 없다.

여러분이 가볍게 던진 칭찬 한마디를 상대방은 오래 기억하며 강렬한 인상을 받는다.

칭찬은 고래도 춤추게 한다는 말이 있다. 칭찬처럼 상대를 기쁘게 할 수 있는 일은 없다.

어쩌면 사람은 아름다운 칭찬의 말을 듣기 위해 존재하는 것인지도 모른다. 인간관계에도 중요한 법칙이 있다. 바로 상대 칭찬하기를 습관화하는 것이다.

하버드 대학교의 윌리엄 제임스 교수는 인간의 근원은 타인에게 인정받고 싶은 소망이라고 말했다.

인간이 동물과 구별되는 점이 바로 이것이다.

인간은 누구나 주변 사람들에게 인정받고 싶어 한다.

인간은 늘 진심에서 우러나오는 칭찬에 굶주려 있다.

"칭찬에 능숙하게 될 때까지 절대로 결혼해서는 안 된다."는 말도 있다.

칭찬의 기술은 많은 훈련과 노력으로 발굴되고 개발되어 완성된다. 그러므로 칭찬훈련은 의도적으로 연습해야 한다.

칭찬하고 배려하고 감사하는 표현을 하는 것은 물론, 상대방을 위해 이렇게 다짐하자.

상대방의 이름이나 상호, 제품명을 부른다.
밝은 미소를 짓는다.
칭찬의 표현을 한다.

칭찬을 하되 몇 가지 기술이 필요하다. 다음의 세 가지 사항을 잘 훈련하여 사용한다면 여러분은 성공적인 대인관계를 유지할 수 있다.

칭찬을 하되, 진심을 담아야 한다.
상황에 맞게 칭찬하자.
확실하고 구체적으로 하자.

"오늘 무엇을 축하할까?", "뭐 좋은 소식 없어?" 등의 질문은 삶을 축복하고, 바르고 좋은 것에 초점을 맞추게 되어 있다.

축하할 일을 생각하며 하루를 시작하는 것이다. 감사할 조건을 찾으라는 말과 같다.

우리는 가능한 한 삶에서 좋은 것을 찾고, 또 그것을 다른 사람들과 나누는 법을 배워야 한다. 그렇다면 '나'는 다른 사람에게 용기를 북돋아 주는 사람인가?

사람들에게 삶을 고양해주는 사람인가? 그럼 어떻게 삶을 고양해주는 사람이 될 수 있을까?

칭찬하고, 지지하고, 응원의 말을 하는 사람이 그런 사람이다.

이런 사람들은 상대방의 잘한 일을 찾아 칭찬하며 끊임없이 상대에게 용기를 북돋아 준다.

누군가 어려움을 당해 낙심하고 있을때, 우리는 어떤 말을 해줄 것인가? 그럴 때 건네는 긍정의 말 한마디는 상대방의 삶을 완전히 바꾸어놓을 수 있는 거대한 힘을 가지고 있다. 그런 말을 할 기회는 얼마든지 있다.

말의 자가 치유력을
활용해라

나무를 넓은 곳으로 옮겨 심고 잘 가꾸면 더욱 크게 자라는 법이다.

우리 인체 내의 세포핵에는 세 가지의 유전자가 들어 있다고 한다. "건강하게 살고 싶다.", "즐겁게 살고 싶다.", "미래를 알고 싶다."는 DNA가 각각 들어 있다. 이것이 파동이 되어 본래의 생명력으로 회복되면 인체는 어떻게 될까? 물어보나마나 우리의 생활은 안심과 즐거움, 편안함 그 자체일 것이다. 그리고 건강 문제를 치유하고 창조적인 생활을 영위할 수 있으며 행복한 삶을 누리게 된다.

필자는 새벽 4시 40분이면 여지없이 일어난다. 그런데 필자를 새벽마다 깨우는 것은 알람 소리다. 이 알람 소리가 하루의 시작에 활력을 불어넣어 감동으로 일어나게 된다.

"엄마! 아빠! 사랑해요!" 하고 울리는 알람 소리가 반복한다.

사랑의 말은 설령 그것이 알람 소리라 해도 사람을 감동하게 하는 능력을 갖추고 있다.

뇌 전문학자들의 연구 보고에 의하면, '230억 개의 뇌세포 중 98%가 말의 영향을 받는다.'고 한다. 그래서 최근 의학계에서는 '뇌 속에 있는 언어 중추신경이 우리 몸의 모든 신경계를 다스린다.'는 학설을 바탕으로 '언어치료법'을 개발하여 아주 다양하게 활용하고 있다.

환자에게 "병이 나았다.", "좋아지고 있다.", "나을 것이다."라는 긍정적인 말을 하면 신체는 말의 방향대로 움직인다는 것이다. 또한 긍정적인 사고 역시 좋은 생각만 해도 행복 호르몬이 분비된다고 한다.

미국 위스콘신주의 한 병원에서는 치료할 수 없는 암 환자에게 하루에 세 차례 정도 "난 깨끗하게 치료되었다.", "난 다 나았어.", "암세포가 사라지고 있다."라고 말하는 언어치료법을 권했는데, 놀랍게도 3주가 지난 후에 완전히 완치되었다고 한다.

이와 같은 사례가 너무도 많아 실례를 다 들 수 없을 정도다.

놀랍게도 우리 몸은 스스로 치유할 능력을 갖추고 태어났다. 그래서 모든 기능이 제대로 발휘하면 몸은 건강하게 돌아간다.

특별한 이유 없이 몸에 계속 열이 있던 한 주부가 있었다. 의사들이 아무리 검진을 해도 신체적 이상을 발견할 수 없었는데, 놀라운 사실 하나를 발견했다.

그 주부는 무슨 일이든지, 그저 사소한 일에도 화가 나면 언제나 "열

받아 미치겠네!"라고 입버릇처럼 말해왔다. 더구나 그 주부는 화를 자주 냈고, 그것이 스트레스가 되어 자기의 가장 약한 부분에 흠집을 내는 빌미를 제공했던 것이다.

의사들은 주부가 자주 하는 말과 신체 증상이 어떤 관계가 있는지 확신하지는 못했지만, 당분간 그 말을 사용하지 말라고 처방했고, 주부의 상태를 계속 관찰했다. 그런데 놀랍게도 몇 주도 안 되어 주부의 체온이 정상이 되었다.

원인과 치료 결과가 주부 자신에게 있음을 발견한 것이다. 자신이 스스로 의사가 되어 치유된 것이다.

◀ 마법의 말 한마디 ▶

머피의 법칙을 발견한 조셉 머피(Joseph Murphy)는 세상에는 자신의 삶을 비판하는 사람과 행복해하는 사람 등 두 가지 타입이 있는데, 이는 인간 내면에 잠재된 '잠재의식'의 사용 여부에 달려 있다고 말했다. 따라서 잠재의식은 생각하기에 따라서 기적을 일으키고 치유하는 힘이자, 생명 지향적인 힘이다. 그리고 행복을 만들어내는 기준이 된다.

사람들은 일상생활에서 힘들고 어려운 상황에 놓이면 대개 자신도 모르는 사이에 주위 사람들에게 '힘들다.', '어렵다.', 죽겠다.', 안 된다.', '못 하겠다.', '포기하고 싶다.'라는 부정적인 말을 쉽게 내뱉는다. 심지어는 더 좌절하고 포기하는 비극적인 상황에 도달하기도 한다.

그런데 부정적으로 말하는 습관을 지니고 있으면 자신도 모르는 사이에 부정적인 잠재의식에 빠지게 되고, 상황은 더욱 부정적인 방향으로 흘러간다. 그리고 모든 일에 두려움이 싹트기 시작하여 결국 불행한 결말을 맞게 된다.

긍정적인 말을 한다는 것이 얼마나 놀라운 능력을 나타내는지 우리는 앞서 많은 예를 통해 알았다.

우리의 생애를 가만히 생각해보자.

나의 생활 속에 축복과 능력이 안 나타나는 이유를 알 수 있을 것이다.

우리는 살면서 염려, 근심, 불안, 초조, 절망적이고 부정적인 생각과 말을 더 많이 내뱉는다. 사람을 만날 때마다 남을 비판하고 공격하고 흠잡는 일에 앞장서기도 한다. 그러고도 좋은 일을 기대한다는 것은 개천에서 숭어를 잡으려는 것보다 더 허망한 일이다.

항상 절망적인 생각을 하고 부정적인 말을 하며, 이웃에게 상처를 입히고 짓밟는 말을 하고도 축복을 기대한다면 그것은 욕심이다. 그러므로 항상 긍정적인 말, 치유의 말, 축복의 말, 희망의 말을 해야 축복이 부메랑처럼 나에게 돌아오는 것이다.

◆ 긍정의 플라시보 효과 ▶

스스로 치유하는 '플라시보 효과'란 긍정적인 생각과 말이 자신의 신체에 영향을 끼친다는 뜻이다. 이를테면 최악을 기대하면 최악의 결과가, 최선을 기대하면 최선의 결과를 얻을 수 있다.

약국이나 병원도 없는 시골에서 자란 필자는 배가 아플 때면 "우리 손자 배 아픈 것 다 나았다."는 할머니의 따뜻한 주문을 들으며 아픔을 달랬다.

긍정의 플라시보 효과를 사용해보자.

우리의 사고와 말에 스스로 치유할 수 있는 자가 치유력이 있다는 사실을 잊어서는 안 된다.

기대만큼 이루어지는 피그말리온 효과(Pygmalion Effect)

'피그말리온 효과'란 누군가를 향한 기대나 예측이 그대로 실현되는 것을 말한다. 그런데 문제는 우리가 스스로의 잠재력을 과소평가하는 것은 물론이고, 자신의 내면에 있는 무한한 가능성과 능력을 믿지 않는다는 것이다.

피그말리온 효과는 믿음의 결과이다. 그래서 '난 할 수 있다.', '난 크게 성공할 것이다.', '내 꿈은 반드시 이루어진다.', '된다!', '아프지 않다.'라는 믿음이 있는 사람은 성공 확률이 높다. 이는 잠재된 능력을 깨우는 기능이 가동하기 때문이다.

결론적으로 피그말리온 효과는 기대와 믿음만큼 이루어진다. 그것이 크고 강할수록 더 큰 성공이 이뤄지는 법이다.

기대와 믿음을 통해 꿈을 현실화하는 것이 바로 성공이다.

우리 몸을 치료하는
긍정의 언어

남태평양에 사는 원주민들은 나무의 주변을 둘러싸고 "쓰러져라! 쓰러져라!" 하고 목청껏 외친다고 한다. 그렇게 한 달 정도 소리를 지르게 되면 실제로 나무가 쓰러진다는 것이다.

이렇듯 말의 능력은 그 대상을 살리기도 하고 죽이기도 한다. 다시 말해서 확신을 한 말소리는 자신을 일으켜 세우기도 하고 쓰러트리기도 한다.

현재 건강한 몸에 초점을 맞춰 말의 에너지를 발산시켜보자. 그러면 당신의 몸은 더욱 강화될 것이며, 아픈 곳이 속히 낫거나 정상으로 돌아올 것이다.

건강에 도움이 되지 않는 것들은 생각하지도, 말해서도 안 된다.

최악의 상황에서도 "지금 내가 감사할 것이 무엇인가?" 하고 자신에게 물어보자.

긍정적인 생각과 말은 몸에 건강한 파동을 만들어주고 스트레스를 감소시켜주는 역할을 한다. 다시 말해서 무심코 내뱉은 말은 살아서 움직인다.

말은 좋은 말이든 나쁜 말이든 누군가의 가슴에 박혀서 영향력을 행사한다. 그래서 말은 신묘한 힘을 지니고 있다고 한다.

미국의 베스트셀러 작가이자 퓰리처상 수상자인 마야 안젤루는 주간잡지 〈USA〉의 인터뷰에서 이렇게 말했다.

"말이 몸속으로 들어간다. 그래서 우리를 건강하게 하고, 희망차게 하고, 행복하게 하고, 높은 에너지를 갖게 하고, 놀랍게 하고, 재밌게 하고, 그리고 명랑하게 만든다. 혹은 우리를 의기소침하게 만들 수도 있다. 말은 우리의 몸속으로 들어와 우리를 우울하게 하고, 못마땅하게 하고, 화나게 하고, 마침내는 아프게 한다."

◀ 스스로 치유하는 자가언어치유법(Word Therapy) ▶

몸에 활기가 없어지면서 소극적으로 변하는 것을 경험한 적이 있을 것이다. 그뿐만 아니라 감정적으로 마음이 상해 있을 때도 이와 같은 몸 상태가 되어 있을 것이다. 그 원인은 우리의 뇌에서 '코티솔'이라는 신경호르몬, 즉 우리의 몸을 위축시키는 물질이 분비되기 때문이다.

이 근거는 2001년에 발표한 앨런 쇼어 박사의 논문에 실려 있다. 반대로 긍정적인 말이나 행복한 감정이 몸속으로 들어왔을 때는 도파민과 옥시토신 호르몬이 분비되어, 심리적으로 안정감을 주고, 보다 적극적이고 의욕적이며 즐거운 삶으로 유도한다는 원리이다.

앨런 쇼어 박사의 실험결과	
부정적인 말	부정적인 말, 감정, 생각 ⇨ 코르티솔 ⇨ 스트레스를 발생 / 위축된 몸이 된다.
긍정적인 말	긍정적인 말, 감정, 생각 ⇨ 도파민, 옥시토신 ⇨ 안정적이고 적극적이다

긍정적인 말, 좋은 사람과의 만남, 행복한 감정, 즐거운 웃음과 긍정적인 생각은 우리의 건강을 지키고 유지하는 데 매우 효과적이다. 그러므로 건강을 유지하는 마음가짐은 건강한 파동을 발산하며 치유를 촉진한다. 예를 들어 건강에 초점을 맞추는 마음가짐은 다음과 같다.

'지난번 몸살 때보다 머리가 덜 아프구나. 얼마나 고마운 일이야.'
'새로운 감기약의 효과가 좋았던 게 정말 고마워.'
'감기에 걸렸지만, 몸에 다른 이상은 없으니 다행이야.'

이처럼 건강에 초점을 맞추는 것이 바로 자가 언어의 치료 효과이다.

◀ 내 몸을 치료하는 능력 ▶

일반적으로 긍정적이고 활기찬 생각을 하면, 몸에도 긍정적이고 활기찬 에너지가 가득 찬다. 그러나 부정적인 생각은 부정적인 에너지를 발산시키면서 마음을 지치게 한다.

환자처럼 생각하면 환자가 되고 건강한 사람처럼 생각하면 건강해지고, 진실한 사람처럼 생각하면 진실해지고, 영웅처럼 생각하면 영웅이 되며, 성공한 사람처럼 생각하면 성공한 사람이 된다.

미국에서 인기 있는 영화배우이자 캘리포니아 주지사였던 아널드 슈워제네거는 "성공은 모두 마음먹기에 달려 있으며, '생각'이 바로 내가 원하는 것을 갖게 해주는 열쇠"라고 말했다.

그는 자신이 진정으로 원하는 것을 늘 마음속에 구체적으로 그렸고, 반드시 이루어진다는 믿음을 가졌다고 한다.

독자 여러분도 성공할 수 있다는 굳건한 믿음을 가지고 변화하기 위해 노력한다면, 반드시 꿈을 이룰 수 있을 것이다.

긍정의 말은 우리가 원하는 것을 얻게 해주는 강력한 에너지다. 마치 전기와도 같다. 그 전기의 힘은 제품 작동의 원동력이 된다.

언어도 마찬가지다. 언어는 물질적인 풍요와 성공을 끌어들이는 힘을 지니고 있다. 그뿐만 아니라 생명의 언어는 스트레스를 완화함으로써 건강을 증진하며, 면역계를 강화하여 에너지를 높이고 치유를 촉진해 준다.

힘의 원천이 되어주는 긍정의 언어 사용 효과

- 어려운 일이 닥쳤을 때 문제를 해결해준다.
- 힘든 위기라도 극복하는 능력을 강화해준다.
- 자신감이나 자부심을 높여준다.
- 새로운 변화나 위기에 대한 대처능력을 높여준다.
- 가정의 행복과 사랑이 넘치도록 해준다.
- 직업에서 만족감과 기쁨이 증가한다.
- 인간관계 향상을 촉진하고 갈등을 해소해준다.
- 구성원들의 협력을 도모하는 힘을 가진다.
- 좋은 사람들을 끌어들인다.

◀ 생명력의 회복, 힐링효과(Healing Effect) ▶

'힐링효과'란 창조적 말로 몸을 활성화하여 체질 자체를 변화시키는 것을 말한다. 파동요법에 의해 인간의 생명체 속에 들어 있던 마이너스( ) 파동이 정화되어 본래의 생명력으로 회복되는 것이 바로 힐링이다.

힐링이 이루어진 인체는 어떨까? 힐링 이후의 상태는 건강 문제의 치유를 넘어 편안하고, 즐겁고, 창조적인 생활로 들어가게 된다. 결국 말의 원리는 말하는 대로 이루어진다. 꿈을 품고 비전을 그리면 그대로 이루어진다는 것이다.

그런데 그것을 더욱 강화하는 것이 바로 말이나 글이기 때문에 긍정의 말, 희망의 말을 말하면 그대로 이루어지는 것이다.

어느 기자가 빌 게이츠에게 세계적인 부자가 된 비밀이 무엇인지 물은 적이 있다. 그런데 그는 사람들의 기대와 달리 예상외로 너무나 간단하게 대답했다.

"나는 매일 자신에게 두 가지 말을 반복합니다. 그 하나는 '왠지 오늘은 나에게 좋은 일이 생길 것 같다.'이고, 다른 하나는 '나는 무엇이든 할 수 있다.'입니다. 적극적인 마음가짐을 가지고 자신의 능력을 발휘하면서 성공이 자신의 마땅한 권리라고 믿는다면, 우리 안에 넘쳐나는 자신감으로 이루고자 하는 목표를 달성할 수 있을 것입니다. 그러나 만약 소극적인 마음가짐을 가지고 있고 머릿속에는 온통 두려움과 좌절감만으로 가득하다면 우리가 얻는 것은 두려움과 실패뿐일 것입니다."

이렇게 긍정의 말, 희망의 말, 그리고 생산적인 말과 진취적인 말을 했기에 오늘날 빌 게이츠가 있게 된 것이다.

◀ 소리 지르기 훈련법 ▶

소리 지르기 훈련을 하면 호흡기, 심폐질환, 소화기 질환, 뇌 질환, 위염, 위궤양 등이 호전되고, 소화도 잘될 것이다. 협심증, 축농증, 비염, 심근경색증 등의 질환에도 강해진다. 그리고 단전에 힘이 생기면서 아랫배가 단단해지며 힘과 용기가 생기고, 머리가 맑아지고 기억력도 좋아진다.

아울러 대인관계에서는 대화술이 좋아진다.

자, 지금부터 나를 위한 선언문을 만들어 큰 소리로 외쳐보자.

"나는 세상에서 가장 선량하고 훌륭한 사람들을 만나고 싶다. 그리고 지금 그 사람들을 내 앞으로 끌어들이고 싶다."

"세상의 모든 것이 지금 나를 부자로 이끌고 있다!"

"나에게 좋은 일들만 일어난다!"

"나는 절대 낙망하지 않는다. 반드시 이겨낼 것이다."

"나는 긍정적이고 창조적인 삶을 살고 있다."

"나는 건강하고 행복하다."

"내 몸에 들어온 병균들과 바이러스들은 즉시 죽을 것이다."

"환자로 병원에 누워 있지 않은 것에 감사한다."

"내 몸엔 암 바이러스가 절대 침투하지 못할 것이다."

현대인을 괴롭히는
말하기 공포증

　달변가는 타고나는 것이 아니다. 따라서 누구나 기본 원리만 익히면 얼마든지 말을 잘할 수 있다. 현대사회에서 말하기는 자신을 표현하는 매우 중요한 수단이자, 상대가 나를 평가하는 중요한 기준이 된다. 그런데 아직도 많은 사람이 말하기에 대한 공포증을 가지고 있는 것 같다.

　사람들이 말하기 공포증을 가지고 있는 여러 가지 이유가 있겠지만 '자신감'의 결여가 가장 큰 것으로 보인다.

　자신감이 모자란 사람들을 보면 대개 불안, 초조, 떨림이라는 심리적 증상에서 헤어 나오지 못하는 경우가 많다.

　이 장에서는 심리적 문제들의 원인에 대해 살펴보도록 한다.

◀ 불안증은 질병이 아니다 ▶

　필자는 학창시절 그 흔한 줄반장도 한번 해보지 못한 소심하고 부끄러움 많은 학생이었다.

　밤을 새워 발표문을 만들고 새벽이 올 때까지 발표연습을 해도 아무 소용이 없었다. 준비한 것의 반도 발휘하지 못하고 덜덜 떨기만 하다가 결국 강단을 내려오기 일쑤였다.

　여러분도 필자와 같다면 다음 체크 리스트를 보고 마음속으로 점수를 매겨보자.

구분 체크 리스트 체크

- 사람들 앞에 서면 떨리는 목소리가 나온다.
- 전혀 움직임이 없이 뻣뻣한 자세로 말을 한다.
- 사람들에게 눈길을 주지 못하고 시선 처리가 안 된다.
- 얼굴이 빨갛게 되고 열이 난다.
- 가슴이 두근두근하고 할 말이 생각 안 난다.

　위에서 세 개 이상의 항목에 표시했다면 여러분도 필자처럼 말하기 공포증에 걸린 것이 틀림없다. 하지만 걱정하지 말자. 필자 역시 그 공포증에서 벗어난 지 오래고, 그것을 극복한 사람들도 상당히 많이 있으니 말이다.

우선 떨림증의 원인을 파악하는 것이 우선이다. 얼마 전 우울증 환자를 치료하는데, 그는 학창시절에 겪은 큰 상처로 인해 자신감을 잃은 채 가정이나 사회에서도 외톨이가 되어 있었다.

이 같은 심리적 문제를 겪고 있다면 그 원인에 대해 알아볼 필요가 있다.

유전인지, 상처나 콤플렉스 등의 열등감 때문인지, 아니면 과거 실패의 경험 때문인지, 아니면 신체적인 결함인지 그 원인을 찾아 회복해야 한다. 그리고 그 자리를 희망과 할 수 있다는 자신감으로 채워야 한다.

먼저 불안증과 긴장을 극복하기 위해서는 그렇게 된 원인을 밝히는 것이 무엇보다도 중요하다. 그런데 이와 같은 현상은 자신의 성격과 밀접한 관계가 있다.

유전적일 수도 있으며, 열등의식, 과거 스피치 실패의 경험 등 성격적인 문제가 특히 많다.

다음과 같은 경우에 있는 사람들이 흔히 발표 불안증, 대인 기피증, 대중 공포증을 갖고 있다.

혹 자신이 그 원인에 해당하는지 확인하고 그 문제를 극복할 수 있도록 훈련하고 연습하도록 하자.

사람들 앞에 서면 늘 대인공포증으로 떤다.

습관적으로 사람 앞에만 서면 떨린다.

사람들 앞에서 발표 경험이 적다.

말하는 방법이나 내용에 자신이 없다.

과거 발표를 하다가 큰 실수나 망신을 당했다.

청중의 수준이나 나이, 지위에 위압당한다.

앞뒤로 나보다 능숙한 연설자가 있다.

청중의 반응을 걱정하거나 부담이 된다.

자신감의 결여와 준비가 부족하다.

나의 떨림이나 불안증은 어디서부터 오는 것일까?

치료하기 전에 원인이 무엇이지 정확히 발견하는 과정이 먼저 이루어져야 한다.

만약 여러분이 수줍어하는 성격이라면, 100% 불안증이나 공포증을 가지고 있다. 이는 성격의 문제이기 때문에 먼저 자신의 성격을 개조할 필요가 있다.

자신감 있고, 용기와 배짱이 있는 당당한 성격, 그리고 자신의 자아상이 회복되어서 사람들을 사랑할 수 있는 성품이 되어야 한다.

자존감을 높이 세우자.

부정적인 생각 또한 말문을 막아버린다.

여러분은 불안한 상황에서 어떤 생각을 하고 있을까?

다음은 불안증에 안절부절못하는 사람들의 특징이다.

'사람들 앞에서 창피를 당하는 거 아니야.'
'회사에 폐를 끼치면 어떻게 하지?'
'사람들이 날 어떻게 생각할까?'
'실패하면 어떡하지?'
'과거에도 말을 하다가 실패를 했는데.'
'난 말주변이 없잖아!'
'또 떨어지겠지…….'

이 같은 생각에 빠진 사람들은 먼저 용기의 약을 먹어야 한다. 이 약을 먼저 먹어야 떨림증과 불안증을 치료할 수 있다.

항상 긍정적인 사고로 설 수 있어야 한다. 말이란 사고의 결과물이기 때문이다.

타인들 앞에서 말 한마디 제대로 못 했던 필자가 이제는 당당한 스피커로, 스피치 교수로 활동하고 있는 것은 기적이 아니다.

누구나 할 수 있다. 다름 아닌 불안증을 이기는 원리들을 배웠기 때문이다.

오늘날은 사람들 앞에서 이야기할 기회가 많다. 예기치 않은 자리에서 자기 생각을 표현해야 할 자리가 얼마나 많은가.

그런 자리에서 자기 생각을 조리 있게 술술 이야기할 수 있어야 성공의 물꼬도 틀 수 있다. 그런데 나도 모르게 긴장을 하면 손발뿐 아니라 목소리까지 떨리고 눈앞이 캄캄해지며 말할 내용도 까맣게 잊어버리곤 한다.

시선은 엉뚱한 곳으로 가 있고, 손은 어디에 두어야 할지 모른다.

능력은 충분한데도 섭게 긴장하고 당황하는 성격 때문에 출세가도에서 뒤처지는 사람들을 보면 참 안타깝다.

명석한 머리와 좋은 성품을 지녔음에도 불구하고 언변력이 부족해서 손해를 본다며 억울한 생각마저 들 것이다. 따라서 내성적이거나 소극적인 사람, 우유부단하거나 표현력이 부족한 사람은 반드시 주어진 원리에 따라 훈련하고 적용해야 불안, 초조, 그리고 두려움과 걱정에서 벗어날 수 있다.

◀ 말 잘하는 프로는 다르다 ▶

실전에서 가슴이 내내 두근거리면 아마추어이고, 불안 증세에서 금세 안정을 되찾고 자신의 능력을 발휘한다면 여러분은 프로다.

사람들 앞에 서면 긴장하고 가슴이 두근거리는 것은 베테랑이라도 마찬가지다. 그런데 프로들은 시간이 지나면서 긴장감을 말끔히 떨치고 자신의 페이스를 찾아간다. 우리 역시 얼마든지 프로의 마인드를 가질 수 있다.

스피치를 하기 전에 긴장을 풀고, 좋은 목소리를 내기 위해서 몸의 근육을 풀어주자. 스피치를 시작할 때 목소리가 떨린다면 잠시 쉼을 가지고 호흡을 고르며 자기 자신을 격려할 필요가 있다. 그리고 '난 잘할 수 있어, 분명 좋은 결과가 있을 거야, 박수를 받을 거야, 난 전문가야.' 하는 긍정적 암시를 자신에게 걸어보는 것이다.

떨릴수록 문장과 문장 사이를 최대한 쉬고, 천천히 말을 하도록 한다. 자신감이야말로 발표 불안증을 일거에 날려버릴 수 있는 최고의 도구다.

더불어 자신을 끊임없이 격려하자. 높은 자아상을 갖고 시작하는 것이 중요하다.

전문적으로 말을 잘하는 사람들을 유심히 관찰해보면, 긴장과 불안을 극복하는 작은 동작이 있다. 그리고 말을 잘하는 프로들은 다음의 동작으로 자신의 페이스를 유지한다.

처음부터 밝은 표정을 유지한다.
여유와 당당함의 모습을 가지고 등장한다.
스탠드의 마이크를 뽑아들면서 이야기를 시작한다.
자신감 넘치는 작은 동작들을 개발해 사용한다.

앞서 언급했지만, 불안증이란 사람들 앞에 서면 실패에 대해 두려움이 생기고 그로 인해 감정이 고조되어 평상시의 침착함을 잃어버리는 상태다.

인간은 본능에 따라 약간의 차이는 있지만, 누구나 조금씩은 긴장한다.

그러나 긴장은 성격의 문제이므로 적극적이고 진취적으로 성격을 바꾸면 얼마든지 긴장감을 이겨낼 수 있다. 변화를 통해 기질을 강화하고 활동적이며 당당하고 자신감 넘치는 성품으로 바꿀 수 있다는 얘기다. 그러나 무엇보다 강한 의지가 중요하다.

소극적인 사람을 적극적인 사람으로 바꾸기 위한 원리가 있다.

다음 방법으로 긴장하는 성격을 조금씩 이기고 적극적인 성격으로 바꿔보자.

기존의 자세, 행동, 표정을 바꾼다.

어깨를 펴고 활기차게 걷고 밝은 표정으로 지낸다.

작은 발언 기회에서 성공 체험을 쌓아 자신감을 얻는다.

부정적인 생각을 버리고 늘 긍정적인 생각을 한다.

◀ 청중과의 기(氣) 싸움에서 이겨라 ▶

흔히 떨림, 발표불안, 호흡불안, 긴장과 흥분 등의 불안증은 누구나 겪게 되는 지극히 자연스러운 현상이다. 그러므로 사람들 앞에 서면 처음 10초에 온 신경을 써야 한다.

처음 기 싸움에서부터 청중을 제압해야 한다.

수영을 배우기 위해서 물속에 들어가야 하듯, 말꾼이 되기 위해서는 일단 자신 있게 출발해야 한다.

언젠가 초등학생들이 한강을 헤엄치는 것을 보았다.

코치는 그 학생들에게 무엇보다도 한강을 건널 수 있다는 용기와 자신감을 심어주는 데 많은 시간을 투자했을 것이다.

이렇게 용기와 자신감만 있다면 한강을 넘은 것이나 다름없다.

수많은 사람의 시선이 나에게 집중되는 처음 10초를 즐기자.

단상에 올라 마이크를 향해 걸어가 뻣뻣한 자세로 단상에 서 있을 때다. 이때 나의 페이스로 이야기할 수 있다면, 그날은 성공적인 스피치가 될 수 있다. 즉 당당한 걸음걸이와 밝은 표정으로 감정을 통제해야 한다. "처음 10초가 나중의 10분보다 중요하다."라는 말이 있듯이, 이야기의 시작이 스피치의 핵심이다.

누구나 할 수 있는
말하기 공포 탈출기

여러분이 되고 싶은 대로 행동하면 여러분은 그대로 될 것이다.

멋진 원리다. '마치 ~처럼'의 원리를 통해 성격도 개조할 수 있다. 발표의 능력에도 변화를 줄 수 있다. 이 말은 어떤 성격을 지니고 싶을 때, 이미 그것을 가지고 있는 것처럼 똑같이 행동하라는 뜻이다.

이 방법에는 긴장과 불안증을 치유하는 힘이 들어 있으므로 대단한 효과를 발휘할 수 있다.

예를 들어 여러분이 열등의식에다 내성적이고 매사에 자신 없는 사람이라면, 외향적이고 적극적인 사람을 데려와 옆에 앉혀보자.

직접 데려올 수 없다면 그 사람을 마음속에 그려보자. 그러한 이미지가 여러분의 의식 속에 강하게 자리 잡고 나면, 여러분은 자신 있는 태도로 행동할 수 있다.

여러분이 원하는 사람처럼 행동하면 그 행동이 거듭할수록 여러분은 점차 그 사람을 닮아간다. 확고한 신념을 갖고 내 몸에 깊숙이 밸 때까지 해보자.

링컨 대통령도 초창기에 몹시 수줍음을 타는 사람이었다고 한다.

무표정한 얼굴에다 긴장한 목소리, 어색하기 짝이 없는 제스처 때문에 누가 봐도 말주변이 지독하게 없는 사람이었다. 그러나 그는 자신감(Self-Confidence)을 되찾아 자기 특유의 차분함과 따뜻함을 회복했고, '메모'라는 좋은 습관까지 갖추어 좋은 연설가가 되었다. 그가 훌륭한 연설가가 될 수 있었던 것은 자신감을 얻었기 때문이다.

기본적으로 긴장과 불안을 반드시 극복하겠다는 강한 의지가 무엇보다도 중요하다. 그리고 다양한 변화를 요구하는 훈련을 적극적으로 실천해야 긴장감을 이길 수 있다.

첫째, 우선 부정적인 자화상과 생각을 먼저 버려야 한다. 그리고 자신감의 결여를 버려야 한다.

둘째, 불안증을 극복하는 별도의 약은 없다. 다만 철저한 준비와 충분한 훈련만이 최고의 약이 될 수 있음을 기억하자. 다음 방법으로 시도해보자.

스피치의 첫머리 3~4개의 문장이나 앞부분의 2~3분은 완전히 외워 소화한다.

개략적인 원고를 준비한다.

사전 연습을 철저히 한다.

몸과 신경 등 신체의 긴장과 호흡을 풀어 안정시킨다.

자신 있고 자연스러운 자세로 동작하고 말한다.

열등의식이나 강박관념을 없앤다.

할 수 있다는 자기암시를 건다.

　가장 인기 있고 말 잘하는 사람이 되기 위해서는 무엇보다도 최선을 다해 준비하고 열정적으로 연습하며, 단 하루도 주어진 훈련을 빼먹지 말아야 한다. 그래야 생각하지 않았던 소재와 생각, 그리고 아이디어가 입에서 쏟아져 나온다.

　멋진 스피커가 되면 좋은 점이 한둘이 아니겠지만, 다양한 사람들을 많이 만날 수 있다는 강점을 준다. 그 이유는 그들로부터 인정받을 수 있는 강력하고 유일한 수단이 말이기 때문이다. 결국 말하기능력이 출세를 좌우하는 것이다.

◀ 최고의 말꾼이 되는 7가지 방법 ▶

　초조함과 불안증, 그리고 떨림 때문에 사람들 앞에서 말할 기회를 놓치면 출세의 문이 닫히고 성공의 기회도 잃어버린다.

말을 잘해야 내 손에 성공을 움켜쥘 수 있다. 그뿐만 아니라 삶에 활력과 힘 있는 태도를 보여줌으로써 인생이 뻥 뚫리는 성공이 끌려오게 될 것이다.

1) 열정적인 욕구를 가져야 한다

명강사, 말을 잘하는 말꾼, 유창한 언변가들은 모두 열정을 갖고 있다.

사람들은 왕성한 욕구가 생길 때, 확신에 차고 자신감 넘치는 목소리로 말한다. 이러한 열정이 있어야 어떤 위험 속이라도 뛰어 들어갈 용기가 생긴다. 그러므로 열정적인 욕구만 있다면 얼마든지 자신의 잠재력을 개발할 수 있다.

열정적인 말을 계속해서 하다 보면 나도 모르는 능력이 나타난다. 내향적인 성격이 외향적으로 차츰 변해 새로운 분위기, 낯선 사람들과도 쉽게 사귈 수 있다. 결국 그 열정이 청중의 마음을 사로잡게 된다.

2) 암기하지 말고 소화해야 한다

준비가 안 된 말꾼은 시각장애인과 다를 바가 없다. 스피치 내용을 기억하지 말고 암기하지 말고 완전히 내 것으로 소화해야 한다. 암기하지 말고 완전히 소화시키자. 말하는 사람은 반드시 강단에 오르기 전까지 하고자 하는 이야기를 완벽하게 정리해야 한다. 잘 정리하고 소화하면 긴장하지 않고 술술 말할 수 있다.

3) 최고의 웅변가처럼 말하자

당당한 사람처럼 행동하고 전문가처럼 말하자. 기운이 없고 풀이 죽은 듯한 기분을 극복할 수 있는 유일한 방법은 연설하는 순간만큼은 내가 주인공이라는 생각을 하는 것이다.

4) 반복된 연습과 지속적인 훈련을 하자

연습과 훈련을 거듭하자. 두려움을 극복하고 자신감을 얻는 데 가장 좋은 방법은 오직 연습과 훈련뿐이다. 첫째도 연습이요, 둘째도 연습이다. 실전처럼 끊임없이 스피치를 해보는 것이다. 실전연습으로 얼마든지 두려움을 다스릴 수 있다. 청중 앞에 나가기 전에 30초가량 심호흡을 하면 산소 공급량이 많아져서 원기와 용기를 북돋우는 데 큰 도움이 된다. 특히 초조한 마음을 없애는 데 좋다.

5) 나의 아이디어와 신념을 말하자

주제에 맞는 경험을 사람들과의 대화에서 자연스럽게 이야기해본다. 이때 너무 앞서가지 말고 자신의 견해를 이야기할 수 있는 수준까지 말한다. 아이디어, 경험, 신념, 생각, 연구결과는 당당하고 자신감 있게 전할 수 있으므로 얼마든지 공포증과 기피증에 눌리지 않는다. 자신이 직접 경험하고 연구하고 만져보고 체험한 것들이기 때문에 더욱 자신감이 생긴다.

6) 성공을 확신하며 긍정적인 마인드를 가져야 한다

절대로 부정적인 생각을 가져서는 안 되며 성공을 확신하자. 부정적인 마인드는 마음을 초조하게 만들며 불안만 가중시킨다. 그러므로 언제나 긍정의 말을 외쳐야 한다.

7) 자신감 있는 태도를 보여야 한다

스피치를 하기 위해 청중 앞으로 나갈 때는 기대감에 가득 찬 태도로 걸어 나가야 한다. 사형대에 끌려 나가는 죄수처럼 보이는 것은 절대 금물이다. 생생하고 힘찬 발걸음은 여러분에게 기적을 가져다줄 것이며, 청중의 호기심을 더욱 자극할 수 있다.

용기 있는 자세를 갖추고 늠름한 태도를 보여야 한다. 자신감이 있을 때 여유도 생기며 청중과의 커뮤니케이션도 가능하게 되는 것이다. 쾌활한 태도를 보이면 자신감을 얻게 되어 좋은 스피치를 할 수 있다. 또한 새 힘이 생기고 용기가 솟아날 것이다.

내 인생을 변화시키는

소통의 기술

초판 1쇄 발행 2014년 12월 01일
개정증보판 5쇄 발행 2023년 1월 20일

지은이 | 정병태
펴낸이 | 최근봉
펴낸곳 | 도서출판 넥스윅
디자인 | 디자인 [연:우]
등록번호 | 제2014-000069호
주소 | 경기도 고양시 덕양구 행신동 햇빛마을 2004동
전화 | 031) 972-9207
팩스 | 031) 972-9208
이메일 | cntpchoi@naver.com

ISBN 979-11-88389-12-4 (13190)